荣枯的乡恋

Always in My Heart

[澳] 映霞　著

文匯出版社

版画/祝开江

这短短的

短而又短的一场春梦

一座墓穴——

这谦卑期待着的第三者啊

但

凌晨五点

旷野外的山巅上

有个声音轻轻地对我说

这是醒来之地

与诗人映霞的几个片段

淳子

映霞的第四本诗集《荣枯的乡恋》，如普鲁斯特的玛德莱娜甜饼，撬动了我记忆的板块……

1. 有段日子，常去永康路上的一家咖啡馆。

二楼，红木云母石圆桌，兰花，靠窗的位置。写累，将臂肘做靠枕，支了左边，又换右边。2014 年春节时分，一千多万人返乡，这座城，如散场后的足球场，空空荡荡，只留下些许碎片。天空飘起薄雪，转瞬，梧桐枝头和红砖屋顶，披挂了一层轻柔、脆弱的白，那种只有上海才有的青灰色调。

咖啡店的女主人殷殷地留饭。

——松鼠鳜鱼，宫爆鳝背，面筋煲，清炒小棠菜，都是老字号乔家栅饭店的看家菜。甜品自然是酒酿圆子。清清淡淡地吃着，安然定然，竟是小团圆的味道、良宵的味道。街上的行人仰面，望着窗内的灯光，譬如一部老旧的文艺片。映霞也总喜欢坐在她的城，可以望见街景的窗口，一坐一个时辰，点同样的菜单，以此慰藉乡愁。

女主人煮了大红袍，倒在透明的小盅里，一口一杯地饮，有喝酒的酣畅。映霞上楼，把几个古董店里买来的英国瓷器人偶搁在桌上。那是我们第一次见面。彼时，她正在筹备第一本诗集《就这样静静地生活》。如同巴黎的文人，她的诗从某个城市的窗口、从某个咖啡馆出发，越过了一张邮票或者一张明信片的边界——“或许，轮回的更迭，我会在异乡的海边老去。但，诗的原乡里，我永远是上海的女儿……我会泅渡万水，用一纸淡墨，把她写尽。”

2. 与著名艺术家刘广宁、童自荣、映霞同车，去复旦大学参加映霞诗歌朗读会。

车子经过宋庆龄故居。

刘广宁老师说，她曾经与宋庆龄毗邻，宋庆龄家的鸽子常常飞到她家的院子里。

宋庆龄故居对面，诗人、出版家邵洵美的旧居。他如贾宝玉，含玉出生。外祖父是富甲中国的实业家、李鸿章洋务运动的左右手盛宣怀；祖父为上海道台；中国新文学史上的头面人物，悉数用过他家的钱袋子。彼时，我正在撰写他和美国作家项美丽的一段爱情，标题是《上海情人》。

1929 年 5 月，在自办刊物《金屋月刊》第 1 卷第 5 期上，邵洵美发表了《两个偶像》一文，向读者介绍自己书房里挂着的一张画像："一个美妇的半身"，深绿衣衫、桃色皮肤的右手握一支鹅毛笔，搁在鲜红的唇上，盛着水或蜜的淡蓝眼帘，赤金头发，这是古希腊女诗人莎茀（Sappho，今通译"萨福"）的画像；她是邵洵美最心爱、最崇拜的偶像诗人，是他赴欧留学路上的"邂逅"。意大利那不勒斯，邵洵美参观国家博物院。二楼一块残碎的壁画，直不过二尺、横不过一尺余，画中的美妇直接勾走了邵洵美的魂儿。这便是希腊女诗人萨福，柏拉图称其为"第十位缪斯"。邵洵美沉醉于萨福的世界，他买下萨福诗歌的英译本。剑桥大学爱特门教授对邵洵美说，萨福诗集的佚失，实在是文学界的不幸，现代人的不幸。又说：在译文中决不能见萨福于万一，原诗的色彩与音乐只能在原诗中领略。萨福诗格，即"萨福体"，是诗格中最美的一种，爱特门教授曾把中国诗用“萨福诗格”翻译成希腊文，他认为中国唐诗和古希腊诗在气质上有极相似的地方。

我说着文坛前尘往事，映霞接口道，她最推崇的诗人也是萨福。萨福是她诗的最初的遇见。

我禁不住暗暗击掌——很独特的审美呢！

萨福的诗意很高，如“它们的心渐渐冷却，任双翅吹落下来”。

被希腊女神浸润，于是映霞有了这样的句子：

“就这样 / 就这样静静地生活 / 和世界深深相恋 / 直到尘缘碧落 / 尘缘冷却……”

3. 悉尼的初秋，软风丝丝入袖。

我们走在乔治大道上，映霞搂住我的肩头，说起她在悉尼的最初。1989 年，她在这条街上的酒吧卖玫瑰花，贴补学费。久了，班车司机记住了这张中国女孩的脸，每一个午夜，总要等她上车了才踩油门。

异乡，陌生人的慈悲。从那时起，在一片柔情和泪水中，她开始用诗来抵达人性的彼岸。

她说，之所以努力挣钱，因为一直有一个夙愿：做一个以文学为生的女性。

平日的映霞，不善言辞，但那一晚，她的语言如小溪，汩汩流淌。那一刻，我分明看见，她的眼睛里闪烁着星光。

英国女作家伍尔芙有言道："女人想要写小说，她必须有钱，还得有一间属于自己的房间。钱呢，要年收入500英镑，房间呢，还要能上锁。"在伍尔芙的年代，一英镑可以买一只很漂亮的波斯猫。伍尔芙口中的500英镑，意为经济独立；上锁的房间，意为自由的空间。

伍尔芙的话，如石子投入映霞的心湖，泛起层层涟漪。有一天，她卖掉了她所有的生意，摧毁一贯的"angle in house"的女性传统形象，她开始启程，一步一趔趄，迈向诗歌的王国……

她用一张张票根，设计了一次次遇见……

杜牧的春风扬州路，纳兰性德的后海恭王府，顾城崩溃疯魔的激流岛，庞德的巴黎地铁，波伏娃的阳台，海明威的打字机，乔伊斯的小酒馆，叶芝的乡间别墅……

诗是情人。她与情人缠绵做爱："多少日子/我才知道/没有给你最后的拥抱/是我终身的遗憾。"

4. 初夏，我收到她的一张照片——

蓝花楹，兜头兜脑，婆婆娑娑，落满了山坡和小径，她一袭白裙，带着诗集，坐在树下，她遇见了波兰女诗人辛波斯卡的句子：“我偏爱写诗的荒谬，胜过不写诗的荒谬。”

于是，她决定不再归去。

伍尔芙笔下的达洛维夫人说：“我要自己去买花。”

映霞总是说，我要回家去写诗。

世界入睡了，甘露打湿了大地，沉重的渴望挂在她纤柔的心瓣上，她的躯体已不在那里了，诗把她带走了，很远……穿越了地球，于是我们读到了她的第二本诗集《十八个瞬间和一首思念的诗》——

“我前生今世的爱人 / 你千万不能老去 / 至少灵魂。”

5. 上海，国泰电影院附近的一家餐馆。原是英籍大亨沙逊家族的产业。

映霞送我一支香奈儿的防晒霜。她说，这个特别好用。在西藏，全靠它的液体保护皮肤了。

我说，我去不了西藏，我的心脏太小。

她眼光一闪，皮肤下淡淡的血管，泛起晕晕的粉色。

她道："淳子姐，我有爱情了。"

如此直白，我一时不知所措。我矜持着，惜问。

但那一刻，我分明是读到了一本属于她的《查特莱夫人和她的情人》。

她应诺，她会写一本小说。爱情太浩大了，她的诗句已经装不下了。

于是，诗的走势便不再由她控制，潮汐消退了，文字隐去，潮水浸漫过的地方，开出花来；而她，只消等着下一次的潮起，下一次的冲动。

"布达拉宫的 / 台阶上 / 彼此望了一眼 / 失神的刹那 / 白茫茫的世界 / 原来你在这里"

"几世的轮回 / 是为了此时遇见你"

我仿佛也看见了，古老雪山上，走来的修行人，看见了诗人甜蜜而痛楚的眼泪。

2023 年 2 月，悉尼 EASTWOOD 图书馆，我和导演张华洁品读《十八个瞬间和一首思念的诗》。张华洁说，我不敢看你，怕把持不住——我们两个都被打动；内心最隐秘最绵软的空间，布满她的诗句，红尘滚滚，不经意处，灵魂的发梢又开始了凌乱——他们没有在最美丽的时刻相遇，但是他们的脚下落红无数——

6. 情人节的甜点

书店里，看见英文版《简·爱》，洒金烫银，煞是精致，买了送给映霞做情人节礼物。

我们在一起，除了不厌其精的美食外，文学话题往往成为我们的甜点。

她摩挲着书封道："淳子姐，我更愿意你送我一本《呼啸山庄》。"

《呼啸山庄》中，男女主人公，用彼此的恨延续彼此的爱，用彼此的怨念维持彼此的思念，一段凄厉、阴暗、无法获得宽恕的人生。

生命中无法承受之轻，映霞的诗，需要生命的重量来衡量。

这才是人间值得。

渐渐，映霞的诗里，有了波德莱尔，一种诗意散文的格局，适宜情绪、梦幻和意识的无规律跳动。映霞觉悟道：忧愁只有在歌吟中才会冰释；痛苦只有转化为更高境界的救赎才具有意义；波德莱尔《巴黎的忧郁》比起卡夫卡的忧郁，更具有一股潜在的力量。于是，映霞的第三本诗集《我只想透过你的爱来看世界》，有了不一样的底色——

“如果命运 / 是一条孤独的河流 / 谁会是 / 我灵魂的摆渡人？ / 如果生命 / 终将化为尘埃 / 我将会 / 和谁共在天涯。”

“何惧命运 / 如寒风一样悲怆 / 何怕生命 / 伴着雪花一起漂泊 / 透过白霜的翠蓝 / 那是活着的全部意义——真正的爱过 / 便是永远。”

一部在尘埃中开出花来的诗集。成为众多诗歌沙龙的首选。

7. 斐济，无尽海域中的孤岛

我在海边茅屋里看小说《巴黎的妻子》，映霞在手机上写诗。

黄昏，我们一起去海边踏浪。

归来，晚霞染红了我们的青衫。

月已没，七星落下，夜半醒来，映霞的一隅还亮着灯。

她在写诗。她总在写。她担心天一亮，那个叫作灵感的小精灵就消失了。

于是，早餐桌上，我们读到了这样的诗句：

“在晨曦最早升起的地方 / 世界像个处子缓缓张开眼睛 / 所有面向黎明的事物，都在重新诞生——荒凉的海草，乌色的滩涂，风中的椰林，还有羽色深深的群鸟 / 隐藏了大海千年秘密的贝壳 / 也在迎接宇宙第一缕光明 / 哦，我的朋友，向晨曦致敬吧！”

因为诗，小岛上的每一个清晨，具有了仪式感——向光明致敬。

“神秘的斯芬克斯 / 把我放在了他的笼中 / 我像最骄傲的涅槃 / 不哭也不笑 / 没有灭亡 / 只有灵魂的歌唱 / 直抵天际。”

《巴黎的妻子》还未读完，映霞的第四本诗集《荣枯的乡恋》即将付梓。我在新诗集里读出了德语诗人保罗·策兰的味道——隐喻、典故、梦境以及各种纷呈的意象——如果诗歌是战车，她已然成为骁骑。于映霞而言，若放弃写作，她将无处安置她的肉身；比起啜饮香槟、阳光海滩，她更愿意用她的文字回答或了结历史、现世带给个体生命的负重；不负光阴，不负自己；不负被爱，不负所爱；时间太瘦，指缝太宽，不知觉间，半生已过。她如行星，在固定的或者说既定的轨道上运行，自身拥有法则和路径。大约，她是这样的一个存在吧——用文字一遍一遍涂抹着诗歌；诗歌终于成了她的模样。

2023 年 5 月　悉尼

目录

二、一首深夜里的玫瑰之歌

三、一个新娘大梦初醒

四、哦，我隐蔽的朋友

五、我注定要和这地球相爱

版画/祝开江

神秘的斯芬克斯
把我放在了他的笼中
我像最骄傲的涅槃
不哭也不笑
没有灭亡
只有灵魂的歌唱
直抵天际

一

荣枯的乡恋

荣枯的乡恋

我有无数次的悲哀
也有无数次的幸福
每当忧郁的薄雾降临
我就打开自然新生的光亮——
森林中有一股叮咚的清泉
鸟儿在水边歇着飞翔的翅膀
也许这里还是冬天
但我的影子
已不接受寒夜遗留的幽冥——
世界啊
它仍为我如此粲然一笑
如三月初春含苞欲放的早樱
泉水应该知道——
最终我将漂向何方
我的灵魂——
是朝向所有荣枯的乡恋

2019.3.5 写于日本伊豆半岛

在第一个时辰

在第一个时辰
所有的阴影也是美的
所有的灵魂都是干净的
我的眼筛选着光芒
而双脚落在了翠绿的大地上

森林用熟悉的目光注视着我
麦芒、三叶草和最后的露珠
都在清晓的蓝色里密语
轻轻拨开青葱的芦苇
我看见了那条八千年的河床

古老的河流是如此的安详
静谧地融化着松林的翠影
虹也没有揉碎在浮藻间
它仿佛是跃出湖泊的羽翼
飞挂在云朵的前方

半眠的睡莲轻吐幽幽的清香

群鸟的和声拖过山谷
微风送来的芬芳飘在心头
假若我的世界曾经失去过什么
我想我已把它寻回

在最后的时辰
所有的夕阳已在弦上唱歌
所有的亡灵若闪烁的星星
我漂浮在轻舟的摇篮上
倾听万物盛大的问候

写于悉尼蓝山

是什么亲吻了我

是什么亲吻了我
爱尔兰海柔柔的清风吗?
在太阳慈爱的怀抱里
涛声和浪花已没有了呜咽

一只呢喃的小鸟
从遥远的未知飞到我身边
它那楚楚的动人一瞥
恰似梦中爱人的目光

我举杯对着云彩
朝向一声隐入蓝色的召唤
前方没有寂寞的秋水
前方没有诱我入眠的深渊

当我横越了大海
当金色的夕阳掠过了水面
站在星空下的舵手啊
为我唱起灿烂的永恒之歌

在晨曦最早升起的地方

在晨曦最早升起的地方
世界像个处子缓缓张开眼睛
所有面向黎明的事物，都在重新诞生——
荒凉的海草，乌色的滩涂，风中的椰林，还有羽色深深的群鸟
隐藏了大海千年秘密的贝壳
也在迎接宇宙第一缕光明
哦，我的朋友，向晨曦致敬吧！
用每夜赶不走的梦魇
用每日镜子里疲乏的无力
用留有愚昧记号的时代
哦，我的朋友，向光明致敬吧！
这又是新的一天……清风，露珠
草叶都充满着芬芳……
小屋前那六朵扶桑也在尽情绽放
哦，自由的船又要启航——
在晨曦最早升起的地方

2022.10.16 写于斐济

故乡的苏州河

我在——
碧绿清澈的莱茵河上想起你
我也曾在——
红尘道场的塞纳河畔念起你
你知道　我想念的是你
是你——
我故乡上海的苏州河——
穿着墨黑外衣的苏州河
披着青绿长裙的苏州河

苏州河啊　苏州河
你是一条回忆的河
柳枝依依　小船轻轻
你把我犹似一泓清水的母亲
渡出了古老的村庄
船公悠长的吴语声中
她含羞荡起的嫣然
莞尔而笑
朝着外白渡桥上等待的父亲

苏州河啊　苏州河
你是一条梦中的河
阕歌千千　夏风悠悠
河中那个挥臂畅游的少年
澎湃的野性中
带着激情而又阳光的自信
拍击着青春的音符
浩浩荡荡
敲打着岸上少女悸动的心房

苏州河啊　苏州河
你是一条守望的河
岁月深深　云水缓缓
多少传奇在两岸的渡口
铺就了这座文化的东方之城
你用不言不诉的流淌
洗去劳动者辛勤的汗水
你日夜不息的柔情
孕育着如梦的海上之花

苏州河啊　苏州河
你是一条千帆过尽的河

岁月袅袅　年华羽羽
我生长在春光萌动的河边
飞过天涯　越过乡愁
卷起一脉深秋的月光
我用人世间最初的情意
和你暖一场记忆的相逢
然后一起奔向浩瀚的大江大海

我在——
流浪颠簸的异乡里想起你
我也曾在——
倾城相思的张望中歌唱你
你知道　我牵念的是你
是你——
我故乡上海的苏州河——
唱着夜色迷离的苏州河
舞着晨光初照的苏州河

撒哈拉沙漠

像是风沙的遗梦，或者
是遗梦者最后的黎明。
干渴的人没找到希望之水，
或者希望只是虚影的海市蜃楼

太阳，温暖，遥不可及而又
残暴。它围困着我。或者围困
自己的，只是自己的渴望。
尽头，是我独自堆垒的苍穹

没人能够走出一个完整的
撒哈拉，在过去和未来。或者
走出撒哈拉的，只有骆驼的躯骨
那是它们点缀沙漠的信仰

多少孤独的灵魂，和枯黄的
沙漠私语。短暂而渺小的脚印，
幻想和永恒融合。多幸运啊！

我只不过是想感受自己的消逝

写于埃及撒哈拉沙漠

我失落的儿子

在古老的马车上
在尼罗河的西岸边
灰色的苍鹭在上空不停地盘旋
有个孩子张着一双非洲的大眼
叫了我一声妈妈

我梦见……我梦见……
我梦见过他……
他是我失落在大漠的儿子

我的记忆任性地被苏醒
在马蹄声声的荒原上
抚摸着他的发，他的脸，他的手
隐秘贮存的几世眼泪
像是夏季不停的雨水

我梦见……我梦见……
我梦见过他……
他是我失落在沼泽的儿子

随风而来
他闪闪发光的微笑
随风而去
我紧紧地怀抱着他
虽然今世我不是任何孩子的母亲

我梦见……我梦见……
我梦见过他……
他是我失落在神殿的儿子

在初始的土地上
在纸莎草的渡口边
无法停止的渴望在轮回中驻足
有个孩子张着一双星辰的大眼
叫了我一声妈妈

写于埃及哈布古城

年是诱惑

年少时
年，是一粒粒糖果，是无数甜蜜的诱惑
当我布满皱纹，眼睑渐渐下垂时
年，是一个个逝去人的追忆……

好想躺下，像他们一样
让灵魂所有的疼痛消失。但当
又一个新年的钟声敲响
我感觉有一双来自祖先的手
在悄悄抚平我的伤口——

埋葬在年轮下的一代代人
他们并没有死
他们住在我的心里——
慈祥的爷爷奶奶，风雨中归来的爸爸，带我走向
理想之路的叔叔，盲眼里闪着微笑的姨娘
还有随青春芳香一起消失的表姐，及突然倒下的
师长……

年啊，是诱惑，是孩子们的诱惑
那些曾经在世上活过的人啊
如今也是我的诱惑——
好好爱着的诱惑
……

年，跨年，跨过一个慌张之年
但谁都不能截断中华民族的脊梁
年，跨年，迈入一个无恙之年
高高兴兴地做时间的囚徒吧——
在虞舜编织的祈愿里尽情活着：

草木枯荣，周而复始

一年，又一年……

在牛津的荞薇河畔

如此幸福的一刻
在牛津的荞薇河畔
大地，阳光，柔软清甜的微风
潺潺流淌的水波荡漾着向前……

晨雾还没有散尽
碧绿的柳叶在朦胧中摇曳
一只翠鸟停留在蝴蝶兰上
趁花儿吐艳……

我把脸紧贴在芬芳的草地上
像一个婴儿依偎着母亲——
曾经绝望地哭泣——
我再也记不起是为了什么……

你在这里，今天的生活！

在这里，我直起身来——
看见了游弋的鱼儿，交颈摩挲的天鹅

还有千万年缱绻的云彩。

如此幸福的一刻
在牛津的荞薇河畔……
夜空，河谷，略带羞涩的星星
熠熠幽邃的银光跳动着欢唱……

我从时光走过

我从乡间走过
原野展露葱郁的容颜
绿茵漫漫草儿青青
阳光滋长着柔和的羽翼

我从春天走过
清香的芬芳徐徐吹拂
黄莺鸣转彩蝶翩翩
白云在山谷上柔柔飘荡

我从四季走过
年华的所有缱绻成诗
溪水潺潺苔藓幽幽
光阴在漫山遍野中浸染

我从时光走过
生活是如此的美好盛大
轻烟淡淡红尘悠悠
心儿在无悔里斑斓流香

一路都是雨后的赐予

如果此时我还没向绿萝树下的

一缕春风敞开心扉

我的灵魂将永世孤独

我漫游在水云间的烟雨里

一棹轻还，层层的涟漪，簇生
着愉悦。莺啼两岸，
渔笛一声。我眼里江流回合，
烟帆几片。那突然而至的清风
又惊起一行白鹭。

我独自呼吸着天地的芬芳，
芬芳占满了我的心房——
碧绿的青草，枝丫，藤蔓，还有吐露的马蹄莲，
黄色的玫瑰。
我知道大自然从来没有背弃过我。

我朝绿苔注视，我因
崇敬而向它朝拜。这时一阵绵绵的细雨，又柔软
地落下——
我沉入一个空青的美梦。
我漫游在水云间的烟雨里。

归人

飘飘过，蒙蒙细雨中
天空素净而幽然。
我听见大地的灵魂，
在湿润的泥土中跳动。

乡间的小路上，
走着，走着，
浑然不知簌簌衣中，
落满雨花。

苍翠远山，无人的葡萄园。
千里黛色，澄清的滴翠。
眼前轻香的黄花川，
流过的青溪水。
片刻的静伫，
看那岁月默默苏醒的青苔。
再用心中那喜悦的弦音，
对着自然赐予的感动，
悠悠地放声，

和空山中所有的生灵对白。

烟水朦胧里，
就这样一程又一程
世界啊！我何是那匆匆过客
我应是那田前的归人。

“哦，紫藤花”

风中，是你作别故交时的惺惺相惜。我看见你萌芽，盛开，
和即将到来的告别——
有那么多空掷于梦境的寄托

在人间漂泊久了，没人知道
这无边无际的紫色里包裹着呼唤
凝望的故事早已穿透尘埃

在人间漂泊久了，风依旧吹

“哦，紫藤花”——春天的爱恋
我们怎么了？最初的梦想之怀
在清澈的早晨，在幽迥的角落
是一片片飘落的承诺

迎风垂目，我似乎能听到那悠远的歌声：
“看啊！我的绝尘，曾是大地上
一缕清远的轻烟……”

丽莎，丽莎

丽莎，丽莎
美丽的女人
如果忧愁笼罩着你
请抬头仰望湛蓝的天空
丽莎，丽莎
善良的女人
请脱下冬天的寒衣
将悲伤埋进泥土
不要忘记你童年的幻想——
泥泞不堪的垄上
你要走向春天的阳光

丽莎，丽莎
美丽的女人
如果彷徨缠绕着你
请俯身看看金色的大地
丽莎，丽莎
善良的女人
请带上泥土的喜悦

不要忘记你成长时的勇敢——
那时你的世界
被一个季节高高地捧起

丽莎，丽莎
美丽的女人
如果孤独拥抱着你
请和我一起去春天的乡村
丽莎，丽莎
善良的女人
请深深地呼吸一抹清风
把晴光一点点吸入眼眸
像那辛勤的农妇一样
歌唱着把疲惫搁在一边

丽莎，丽莎
请和我一起去复苏的原野
四溢的花香
将把所有的寂寞融化
丽莎，丽莎
你会看见一阵阵金黄色的波浪
颤动着轻盈的欢悦——

向着你　向着远方
无穷无尽地涌动

丽莎，丽莎
你看见吗……你看见吗……

时间的蚱蜢

你吞啮的狂嘴想告诉我：
“对于时间我有什么价值？”
你看！康河里春草的美梦刚醒
你听！叹息桥上的三更，雨已潇潇

朝暮的分秒暗伏着命运的弓矢
怎可利用弹跳来避开天敌
时间之链无情地落到棺柩之上
——响声，在整点。

蚱蜢啊，蚱蜢，你并不可怕！
请不要向我透露死亡的秘密
何时归去？何时洪水之潮把我卷走？
不要作声！不要作声！

先允我平静地进入生活
再许我和这世界深深地相恋——
虽然我知道此时此后
结束的那一刻终将到来

时间啊，时间，你并不可怕！
沉默的岁月包含了多少力量——
生命之河中荒诞的不是你
而是舍弃了慈悲的人类——

你看！多少人没有淌过孤独之夜
你听！多少人窒息于蝗毒的无声之中

写于剑桥大学的时钟“Time Eater clock 时间吞噬者”前。这时钟2008年9月19日在英国剑桥大学由著名物理学家斯蒂芬·霍金揭幕。这个被称为“最怪钟”的时钟，它不靠指针或数字计时，却令一只形态丑陋的机械蚱蜢“吞噬”分秒。设计者称之为“时间食客”，意在提醒人们时间易逝，光阴不再。

问你的心吧

火红的太阳
正从天涯升起
……
有鹰守在来世之门
有狮身人面守着创世密码
千年万年
时间惧怕了金字塔?
法老的肉体
也不是个什么东西——
墓穴已空空如也

问天问地
问宇宙的原初之水
问王冠上直立的眼镜蛇
问麦田里正在劳作的农夫
问撒哈拉漫天的流沙
问逝去的半世浮生
问一朵已经转世的莲花

问你的心吧——

天狗会否把它撕碎？

如果最后的恶仍在天平上超重

祭品——

终是那穿越黑暗的奉献

无形的善之灵魂

才能乘着重生的太阳船

飞向天堂

火红的太阳

正从心底升起

……

写于埃及金字塔

有什么东西在追逐

有什么东西在追逐
黄昏半岛酒店的影子羁绊着我
在东方之珠的尖沙咀——
我又回到了童谣的状态
那时，太阳正在西沉

无声地唱着，走着，并没有
看见兰桂坊的路牌——
风从遥远的小渔村吹来……冰凉的水雾打在脸
上——
五千年源头猎取过谁的心？
河水海水的交汇处
仿佛一切如常

走过旺角几条破旧的老街
几位苍老的妇人用力地推着纸板车——
为什么她们还需要躬身奔波——
一直向前走。我甚至不能确定
是否走在满是黄金的弥敦道上

皇宫不会让我动情流泪，因为
皮蛋瘦肉在滚烫的粥里忽隐忽现——
铜锣湾人群熙熙攘攘——
漂泊与回归，每一条路都通往
游子的心——
乡愁在每一个男人的肩上
乡愁在每一个女人的五脏六腑里

唱着……走着……唱着……
没有看见皎洁的月亮挂在
茫茫的香江之上——
浮世如流，星辰短暂
传奇之外，多少人在原地守候
一场幻觉

有什么东西在追逐……

写于香港铜锣湾

青青的河水

青青的河水啊
你就这样对我流淌吧！

在这淡墨的水云乡
我把所有的忧思都忘了
就像翠柳柔长的影子
在清澈的荧光中袅袅吐绿

我的小船
在五月的微风里缓缓向前
几处早莺和鸣
清脆在满坡的芳香中
绿波轻轻荡漾
一对鸳鸯惠我予轻舞

什么半霎芳华？
什么一襟晚照？
什么玉人断肠？
什么浮生痴痴？

什么红尘俗世?
什么春秋如梦?
……

烟雨融在晴朗之中
世事的纷扰随风飘去
我遗忘了所有的泪水
像一条自由欢畅的鱼儿

青青的河水啊
你就这样对我欢唱吧!

我会向日月星辰致敬

一片秋叶轻轻地向我低语：
“我爱，我就要走了，但我爱你！
爱这纷纷扰扰的世界！”

我们已经相会过，这已足够。
我爱，我们已经任性地拥抱过——
像秋天狂奔向前的溪流。
我爱，我们已经勇敢地跋涉过——
攀登丘比特的山顶，在茫茫人海中。

我们都将不出意料地死去。

我爱，我们曾经撕裂过冷光——
给自己以春天般的爱情。
我爱，我们曾经另辟无人的蹊径——
为了不让夜晚重归恍惚和孤独。

我们永远不会唱那首哀伤之歌。
我爱，我们在赞美诗中赞美——

把最后的血色支付给脚下无垠的大地。
我爱，我们知道尘土是所有的归属——
那是地球母亲温暖的子宫。

我爱，当不可抗拒的坠落到来
我会向日月星辰致敬——
为着今世，为着我们重逢的缘故。

雨中的江南就在诗的中央

我爱碧绿的清波和潺潺流水
我爱船娘唱给情郎的归歌
还有四月青梅的味道
雨中的江南
就在诗的中央——

诗未老，唤醒我空洞而麻木的心
隔河看人家，看风细柳斜
看轻舟轻轻驰过莲花丛中
看群莺掠过烟雨
八千里路云和月——
我几乎忘了故乡，忘了源头的故事
忘了篱下菊，忘了自家词
甚至忘了一盘带着酒香的草头

小河拐弯处而来的乌篷船，你又猎取了我的心——
我爱每一条青石小巷
我爱每一座弯弯的小桥
它们都是我回家的路——

每一步都是重新诞生，每一步我都听见祖母慈爱的呼唤

爱我吧，故乡！
就像我爱你一样——
是你让我成为一个流浪者
是你希望我在江海的交汇处奏响音乐
是你允许我自身就是故乡——

雨中的江南
就在心的中央……

为什么不招招手

到家了，这里有多么美：
天空和大海有和煦的蓝。
在一片绿草芬芳的大地上，
爸爸，和蝶兰花一起
平静地睡在了泥土里
为什么不招招手——
这里有新生的孩子，
还有许多家人和亲密的朋友。
到家了，衣上没有起风，
我大声对着明净的世界，
喊出了我自由的诗歌。

版画/祝开江

一缕暖风
谁在呼唤我回家
这世上
只有她知道我的名字
一匹白马
奔腾在芦花丛中

二

一首深夜里的玫瑰之歌

一首深夜里的玫瑰之歌

你不必犹豫，不必在世俗的律法之下。
灵魂已经漂荡了上千年
被浪摇撼，在玻璃海上。
爱你的肉体，温柔的，
只有今生几十年的
听从它的召唤，送你回家。

爱你所爱，用你走过的路。
用一次一次击打你的风雨。
爱你的男人，或女人，用孤独，
用心的饥渴。用你
出生的许多年前，父亲
第一次遇见母亲时的眼神。

激情的肉体是如此美丽，如同
月光透过的灵魂，惊人的珍贵。
你何必期待生命最后的
晚祷之歌——

你自己就是自己的歌——

一首深夜里的玫瑰之歌。

我不会和你道别

我不会和你道别
即使蓝色的炊烟已经升起
黄昏合欢花的影中
两个灵魂和肉体没有边界的恋人
坐在窗前
轻轻哼唱着夜莺之歌
继续向时间走去——
我们不哀悼断裂的泪水
黑夜里有最美的星空
黑夜里有一列火车向黎明驶去
你，我——
人类中的一个男人，一个女人
正被汩汩流淌的月光洗礼

我的灵魂

……我的灵魂
和晨曦是那么的接近……
氤氲气息，希望在升起，
又瞬间反转……
在无意间，在太初之光中

然而，我决不再向这运行的世界
要求任何东西……所有那些
我曾得到的爱，此刻一个都没有
丢失……在倾吐赞美……
没人能够拿走它

任时间流逝，流逝的何止
是时间……什么在黎明前
……什么在黄昏后……
看啊！我的灵魂是大地上的
一缕轻烟……

你俘获天荒，我俘获地老

黄昏时，我总是看见你披着
一道棕色的霞光
在雪花铺就的世界里，像一只
等待飞翔的雄鹰
在遥远的东方之巅遥望……

亲爱的，来啊！夜幕即将来临
你听见时间的滴答之声吗？
对着深渊，我为你抛却一切
或许，晚风最后会把我带去——
一片撕裂的影子，一副苍白的骨架

亲爱的，来吧！爱着……发光……
如赤子一样穿越终极真理
然后成为一撮泥土——
多少来过这世界的人
在沉沉的梦里奄奄一息——

他们终生唱不出心中的爱……

亲爱的，来吧！趁我们
还能攥住一颗鲜活的星辰——
心的星辰，永恒的星辰
我们还是俘获吧——
你俘获天荒，我俘获地老

向阳之恋

——赏傅红先生的静物画而作

铺开春光
铺开芳菲
铺开走过的千山万水
落一笔今生活着的约定
让一卷幽情的呓语
与热爱的光阴悄然盛开

有一抹微笑的郁金香
萌动着原乡初始的呼唤
有一束金黄的向阳之恋
让所有的忧伤无处可藏
有一片翩然起舞的九里香
覆盖了千疮百孔的大地
而唱着千千阕歌的玉兰啊
任凭心底涌出一股清宁

向南……向南……
在向南之南的南半球

我用温暖的眸

流连每一朵你涂抹的明媚

一刹那

所有搁浅的渡口

所有被风拂去的日子

所有策马而过的时光

都是人世间的花样年华

灵魂之歌

——赏傅红先生的肖像画有感

激荡起时光的笔墨——

你瞬间定格一个男人滔滔的一生

某种眼神，某种姿态

某种对绽放的渴望，甚至是某种被欲望掷伤的记号——

你把女人的史诗，泼墨成岁月的乐章

洗尽生命，挥不去的仍是梦想

遥寄流年，画不尽的灵魂之歌

火焰燃烧在胸中

被缪斯之灵浸染的风华里

笔下的每一个人物都将永恒

因为这是上帝所赐予的一瞬

而你是——

他们灵魂的第二个秘密见证人

一座桥

我的眼睛透亮
因为——
我在雨中唱过一首情歌
我的灵魂淋漓
因为——
我在死亡的竹筏上淌过

乌云投身，笼罩
让我在虚无里遇见荣光
陌生的人！
你为什么要躺我睡过的棺柩？
忧郁的人！
你被反方向的风掏空了自己？

你看
多么灿烂的第一缕阳光——
黑夜，是一座桥啊！
一座桥
你看

多么无解而又美好的人间——

肉身，也是一座桥啊！

一座桥

我们没有向任何事物投降

在黑暗里说话——
欲望的身躯隔着十万八千里
梦里拥抱我的还是你——
伴随着七百零五天的分离

在病毒虐杀里留下活过的痕迹
灿烂的肉体，袒露的灵魂
一寸寸最后交融——
如波浪涌进幽谷的洞穴

在黎明中醒来——
临终的世界还是那么多情
没有欺骗，花还在开——
我们没有向任何事物投降

我只是停留短暂

在坟里，在土里
在时间无情的苦役里
您是我取之不尽的宝藏

爸爸，您是我所有的源头——
如合手入睡在香荫下
奶奶的慈悲一样
爸爸，我的梦郁郁沉沉
在生与死之间——
在一个旋转、转回、无情
永不言休的黑洞里——
爸爸，但我最后终会看见您
星辰般的光芒——
自我出生起就看见的
那凝神注视人间的微笑

爸爸，我学会抿口苦涩的药
爸爸，我爱黑暗之日如爱光
爸爸，我的心不再受到自己的惩罚

爸爸，我有充分活下去的勇气
今天我不向您跪下致拜
我只是停留短暂——
唱一首柔美的赞美歌——
为您、为叔叔、为爷爷奶奶
为所有埋在故乡和异乡的亲人们
在祖先留下的清明节
在披满青苔的坟前
在飘满青草芬芳的大地上
在坟里，在踉跄之路上

在白茫茫一片的流逝里
您是我取之不尽的宝藏

你若信，就必看见

爱，早已在这里
在你出生之前
只是你不明白——
你若信，就必看见

和祂相遇在每一个瞬间
甚至在轰然倒塌的房屋里——
爱，是从眼泪中奔涌而来
是苦难冠冕上光芒的闪烁

多么幸运，天空从来没有死亡
你可以对着新生的黎明说话
多么幸运，时光从来没有沉默
你可以对着一路的烟雨歌唱

多么幸运，大地从来没有冰封
你可以相拥花开的千顷温柔
多么幸运，岁月从来没有静止
你可以让风飞扬在衣袂之上

记住自己今世的脸

自然中
我盛开如花——
赴约而来
数着晨夕
在鸟儿歌唱的原乡

人群里
我簌簌飘落——
没有根蒂
昔心如役
从人的话语到人的话语

给自己一面镜子
直视自己的脸吧——
我是谁?
我属于谁?
我是远离自己的自己?

静默　让祂的声音——

清冽冽地从记忆从四季
从海上
从如禅的时光
从各各他山而来

记住今晨
记住先把希望留在门外
记住爱
记住信心
记住自己今世的脸

情书

我收到一封情书，写在手机上——
天麻、藏红花、贝母、鸡血藤的味道，一起从字里溢出。
息风，定惊——
肢体麻木，思想蹇涩，这两年零四个月的分离。

词语粗砺。但玛尼堆上，
有苍鹰在天空之上的天空盘旋——
越过冬之辽阔，越过四季守望——
打破的时间，被祈福的经幡
瞬间黏合。
又见高原，又见高原——
那雄风的依恋，我多想被你吞没。

有奇异、陌生的雪花扑进囚禁的铁塔。霏霏……碎碎……
若晶莹的短暂飘碎在爱里
浮沉又算得了什么——
问风，问月，问所有默念的事物，问灌进我体内

的洪荒，
问白茫茫的人间——
我们为何挣扎于最初的幻乐——
一种永恒的光。

情书的一角，跳跃出只有咱俩
才懂的呓语——
野牦牛、藏羚羊、野驴、雪豹和旷野上的一匹狼。
它们一起
在茂密的森林深处，满血奔驰——
当生命已经横渡，当世上的
一切即将结束——
我至少可以说：

“我收到过一封来自天堂的情书，我的悲欢也曾
和你切切相通。”

我盛开过两次

我盛开过两次。
一次在午夜，我盛开。
一次在凌晨，我再次盛开。

枯萎的，还会绽放。
熄灭的，还会闪烁。
死亡的，还会重生。

有人说爱没有明天，我赞成。
因为那不是我的错。
有人说明天算什么，我鼓掌。
因为明天从来不是我的信仰。

今天就是我的情诗。
今天的日子当作竖琴来弹奏。
今天，去年的今天，那么多人，成批，成批地，
突然死了。

无声无息。

他们再也等不到黎明升起……

我活过两次。

一次在吱吱作响的床上，和他。

一次在漫天的思念里，也是和他。

你，爱情

你，爱情，
纯洁得如同虚无
我大胆地把它捧在手心
一直走到
没有
群星闪烁的夜幕之中

我，爱情，
宛如月亮忘记了黎明
你朝圣者般渴望的存在——
高贵的血液
犹如
涌起的波峰淹没了我

爱是情？何止是情
雪山和大海
融成了生命的泉——
气味，呼吸，相拥，火焰，
水中，床上滚动的汗珠，还有

盛开着石楠花的前尘往事

在遥远的疆界，在陌生的岸边
在芸芸众生中，在如织人潮里

在我只想你
你也只念我的时候

爱情才存在。

梦者！爱者

你又入梦。如此，一夜
又一夜。记忆惊醒，又突然溶解。
虚拟的世界里，多少抚摸
和微微的颤抖，渗透在夜壳中

用不着交换生命的密码，爱者！
窗外，看不见的青鸟在引路
唱着那么纯净的歌
爱神选中我们，如此交融

梦者！爱者！
裹着一张血色的锦缎，升腾而
燃烧。一朵月光下的玫瑰，
盛开

用你的火，你的雪

我梦见你对我微笑
高原净土
火和你的企盼一样赤热——
我梦见你在烈焰中
披着雪花，朝我走来
高原净土
雪和你的灵魂一样纯白

高原净土
火燃烧着我的心——
吐着星辰的香味太阳的香味
吐着青草的香味酥油的香味
淹没了我的幽荫，肋骨的河床
高原净土
火和你黝黑的凡身一样赤热

高原净土
雪融化了我的愁——
无邪的笑容从我的心棺跳出——

心棺已经很古老，一个失去
沉香的府邸，一个灰色的死亡
高原净土
雪和你的灵魂一样纯白

我梦见你对我微笑
高原净土
我不再害怕人海茫茫
我梦见你朝我走来
高原净土
我不再恐惧这黑夜里的寒光

你护住了我摇晃的世界——

用你的火，你的雪
还有你吐着格桑花香味的爱

想起了你

想起了你——
我就想起了——
荒原上那匹孤独的狼
我就想起了孩提时
我蒙住眼睛一个人玩捉迷藏
多么绝望而又放任自流——
我一直在拼凑一张破碎的地图

多少日子为活着而活——
甚至在阳光下说不出一个爱字
就像那匹被你射死的狼——
它常年在我的心里徘徊嚎叫

想起了你——
我就想起了——
那最遥远被人丢弃的原始
想起了在一个废墟上
我曾经如此深深地渴望——
渴望拥有暴雨后的那道虹

想起了你——

我才想起该死的已经死去

想起了你——

我便想起我还是一个少女

……

草原上

马蹄声声

前方蓝色的湖水还没有

最后枯竭

我梦见了你

不要醒来
遗落的抒情绽放成一朵朵荡漾
企及不到的梦里
是一个礼拜天永恒的夜晚
我们在
珠穆朗玛峰上相望

沉默不语
然后在天地间神秘地喘气
你的，我的
我们天赐的肉体盛开
惊动了
一片片白色的雪花

雪花无声地游弋
翩然
于时间的良夜里
我偷走了你那颗热乎乎的心
新鲜的

带有格桑花醉人的香味

相逢尘外
最后一道波浪涌过
三千风月
我用一串热泪祝福了等待
我梦见了你
故我不再是自己镜中的陌生人

我还是一个幸福的少女

黎明拂去海的夜纱
我在白沙堆成的山岗
朝着有你的东方
悄然在心中吟唱——
像大地之晨的修女一般
如此静默而又虔诚

与升起的太阳融为一体
欢乐与哀伤同时消失——
风没有吹倦思念
海水清洗疲惫的翅膀——
我有对活着的保证
我有对你的许诺

尽管梦如烟波
尽管时间无情
尽管光阴在死里消失
我也无法藏匿爱情——
我想寻找

人世的初始
我想寻回似水的流年

希望在春天的海洋
希望在秋天的高原
想起你，我就知道——
大海之后还有雪山
想起你，我就知道——
我还是一个幸福的少女

再也不需要等待

我是在重组青春吗
——以十六岁的微笑
我是在得胜于我自己吗
——以浪潮起伏的畅游

唱着晚祷的歌声——
我知道我还是大地之女
走过星空下疑惑的夜晚——
我知道只有一次的生命
予我已是另一种颜色

那不是珍珠闪亮的光芒
——泥土的恩赐已经足够
也不是红宝石般的璀璨
——挪开挡住我目光的困惑
刈割后满目的银光
是来自天鹅绒般的草原

激荡的雄风为我戴上了花冠

永久也罢　暂时也罢

至少在最后的晚霞里

——我再也不需要等待

无题

种子没有在大地上开花
却判给了故乡的逃亡者
年轻的死者
呼唤一盏信号灯
在墓地里
高举着盘根错节的手指
一年又一年
沉默和遗忘后——
你们的同辈混淆着活着
灵魂交给最后的审判
但终有那无法忘怀的母亲
和属于光明的孩子
会向你们敬礼——
一代又一代
在晨曦升起的黎明中……

那美好的仗我已全力打过

即使曾经
跋涉在遥远寂寞的沧海
这又何妨?

即使命运
徘徊在崎岖孤独的山路
这又何怯?

我看见过
他乡风雨欲来的苍穹
我听见过
故园麦田里歌唱的乡谣

即使曾经
被抛弃在野狼嚎叫的荒野
这又何惧?

即使最终
在黑暗中无情地失去踪迹

这又何怕？

我奔跑过
晨曦喷薄时壮丽的云彩
我攀登过
黄昏日落里巍峨的山峰

我该满足了——
虽然最终属于一座孤坟
但大地的泥土永恒陪伴着我

我该休息了——
主啊！转瞬即逝的一生
那美好的仗我已全力打过

纪念慈父汤如海仙逝五周年

版画/祝开江

撒旦的迷惑
久久催眠着灵魂
虚伪的同类
在挑剔着注视
每个人手里都有一把匕首
自己刺伤自己
无情地

三

一个新娘大梦初醒

一个新娘大梦初醒

起风了……
时代正在裂解，破碎的肉体正和永恒的灵魂对峙

什么也没剩下，只是银泻的月光照着空前的荒芜。
曾经的所有
汇成了深不见底的徒劳……

一朵玫瑰正在凋谢，就像盛开
令人咏叹。谁会阻止白霜滑入静默？……

你的名字，我的身影，每一个
活过的个体。烈火，棒杖，旷野的试探……哦，
我们又一起死去——

无数的梦，无数的碎块，无数的大江大河，无数
坚固的思想……
哦，我们一起死去——

一颗星星落地，一个个

还没活够的人埋进尘土，在永远的黑暗里

起风了……
一个新娘大梦初醒，她挽着父的手走向了圣殿：

那是世界唯一的希望！

我曾经以一个叫映霞的名字

我写，我唱，我爱
我把自己静默成一朵幻花
纵使这世界瞬息万变
纵欲的肉体，已经够了
一摊缺钙的骨架之外
灵魂还在聆听大海的呼唤

哗啦啦……哗啦啦……
我注视着无度的波浪掠过
贝壳上有没写完的故事
哗啦啦……哗啦啦……
向晚的风，吹着魔笛般的乐曲
倒影幻想抓住水中的流金碎片

月亮从乌云背后悄然现身
突然，好想给无语的自己和仍在天空中盘旋的
群鸟
颁发一张活过的证书——
多么短暂而又庞大的幻觉——

素心一动便已一生

微小的流星，祝福你！
许多年后，当所有归根到太古
我还会不会记得——
我曾经以一个叫映霞的名字
来过这个星球——
也兀自惊扰过一个男人

序曲

你缝合夜的残缺
这颗心再也不是孤独般存在
所有人，所有事物都值得爱——
黎明的金杯已经斟满
难赎的罪，空空的钟声，挥之不去的记忆，一起
与死亡消融
你纯粹地升起——
多么宁静，顺着醒来的海水
一个异乡的交魂者——
来去如晨风的人，绕过灰暗
小径，捕获万物的序曲——
序曲。序曲。序曲歌唱不息——
而歌唱重新命名今天，命名一张
被时间削蚀的脸

夜之梦

痴梦无边
只是
相看了一眼
这痕痕的眷恋
这短短的夜
这娑婆的世界

……

浮沉之间
其乐，我乐
其爱，我爱
彼岸，此岸
已消失了上千年

……

夜之梦
诱我

使蓓蕾
绽放片片花瓣
我当
受我心左右

……

鄙视空间
然后
再鄙视时间
火焰
在内部燃烧
我们穿行其间

……

红尘不过
是浮尘
纷纷扬扬
唯你
成就了
我所有的光明

……

万一

我走丢了记忆之城

我会

向你道歉

凌晨三点半

我原谅了自己

从回荡的梦里

突然醒来

……

这长长的夜

孤独再次胜利

但这

并不残酷——

至少他在梦里

带我回到了上海

再到拉萨

……

一扇门打开
把梦
载在了星空下
念如思
这一场宿命的遇见
笑着……笑着……
我流下了
滚烫的热泪

如果还能写最后一行诗

如果还能写最后一行诗
我会写出对人世间的亏欠——
走在时间的风里
我曾是一只幻想穿越荒原的飞鸽

我不能独享一首最美的歌
我看不见天光破晓铺就的晨星
疲乏的印记将我埋葬
一日又一日——
深渊，浪潮，黑夜，风暴
消失在雾中的自由
不知何故被捆绑的三年——

一面镜子的赎价
一个下落不明的启示

如果还能写最后一行诗
我会写出对生命浩瀚的亏欠——
我遗忘了自己就是春天——
我曾朝自己开了一枪，在一个忧郁的日子里

人啊

最后一程，总有
一条收留旅人的古道
在没有醒来的梦里。

有人旧曲重听。有人初影痴笑
有人自己和自己说话
有人不宽恕别人，也不宽恕自己
有人像逝去的父亲，一阵轻风。

人啊！
我们都是一阵轻风。

为什么花会重开，为什么
人再无少年。
风落定。一杯酒。
三更归梦。

再也，没有什么
青春之歌。

再也，没有什么敌人
需要厌倦

人啊！
但如果在早晨醒来时，你仍看见
窗外有一朵盛开的玫瑰
请对它说：
“谢谢你赏我一片美丽！”

突然间

免于丧失激情，免于丧失爱欲
我用自己涌动的腹语
点燃远方的情人——
他在布达拉宫旁的小屋里
独自隔离，用曾经让我温暖的唇啃着没有发酵过的馕
什么时代？为什么露珠不在清晨降临于花冠
什么人类？是谁还在羞辱肉身
抵达天堂的夜晚
塌陷。塌陷。又一次，塌陷。
肉体诱惑灵魂一起绝望——
突然间，我活生生的悲伤飘荡在拉萨茫茫的大雪中

你这个人生啊

你这个人生啊！贫乏的词汇怎能写下全部——
生活，像一个寡妇在废墟的
门槛上低吟回荡的一首歌——
孤独、断残、荒凉、陨灭
和枯槁的渴望一起隐藏
在肉体，或在游荡的灵魂中——
一幅无奈、松散、羞怯而又倔强的素人涂鸦
足以证明我来过这个世界

你这个人生啊！别让磨难
只是磨难。创造它吧——
即使咽喉啼血，也要托起
上千个处子般的朝阳。
黄昏也让它新鲜出炉，然后
在异乡做一个天真的梦——
我依然年轻的爱人来了
他把花瓣撒在我沉垂的眼睑上——
在黑洞席卷一切的时代
在深爱不再有意义的时代

在黄昏里走路

在黄昏里走路
有一个曾经的自己
再也不能记起
我假装想起了她
把遭遇的相逢铭刻

脚印一片空白
双手空空如也
那瞬息凋谢的灿烂
青春的自由
在寓言流淌的血流里

谁没有一次爱
谁没有一个明媚的清晨
谁没有因情之名怜悯自己
谁没有半夜游荡着哭泣
谁没有用勃起的鬼魂杀死过自己

磨啊，磨

这就是我，是我——

在黄昏里走路——

躯体迈着不可名状的脚步

灵魂穿越金黄渐远的脆弱

这已足够

被生活
烧成了灰烬，一次又一次。
我问突然从黑暗天空上
飞来的苍鹰：
“对爱情，你还盼望什么？”

我从不期待和你一起共同生活
遥远的星星，闯进梦境——
一种神符，将你的血液
栽种在我的骨髓里

有一天，和时间一起消失的
或许是爱情；但永存的，
必将是爱——
在无数个老去的黄昏里，我会
慢慢枕数你带来的阳光
和孤独

我们是人，是一道闪电

终将瞬间消逝——
成千上万个真实，或虚幻的吻
埋葬在荒瘠而又炽热的大地上——
我们的肉体曾一起迎向旷野的雪月
而灵魂捕获过神秘的飘荡——

这已足够。
足够。

这是我想要的自己

一切都很宁静。我想要的只是坐在晨光里，看海。

把海想象成高原圣湖——
我只是想和他交流，起伏跌宕，
充满的气息。那是我的爱。

一直看不清自己，曾经。
很早就该有一个白内障手术——
我是一个夜间的梦游者。

辜负，辜负，时时在辜负——
浩瀚星空，没有一颗星星能够进入枯寂的心房。

辜负，辜负，永远在辜负——
无垠原野，没有一株草木能够丈量失语的深度。

如此渐凉。如此惊恐。
我匍匐在黑暗中。

再后来，一只手突然击碎了无形的铰链。古老的空罅被填补——
我打捞所有触碰的元素。

我不再是一首很旧，很旧的诗。
人间烟火在细碎的光阴里——
一片枯叶，一滴雨水，都在唯美。

这是我想要的自己——
在凝视世界的片刻，我的爱也在生长。

多么地幸运

多么地幸运，此刻，此时——
我仍旧活着
我不再渴望救援
我在山坡上看忍冬的新苗
我在沧海边听八面来风
我和奇妙的黄昏融在了一起

多么地幸运，此时，此日——
我仍旧活着
我不再精疲力尽
我在一朵浪花中洗涤心灵
我在天地的怀间歌唱电闪雷鸣
我大笑忧伤和不知何来的匕首

多么地幸运，此日，此生——
我仍旧活着
我不再占爱为己有
我不再关起灰色的门窗
我在雨中和孩子们一起喜乐
我把敬畏的诗篇洋溢在大气之中

如果最后一道夕阳落在银丝上

幻想的每一天
胜过生活……
我在什么样的日子
渡过生命湍急的河流……
在荒原，在飘荡的风中
一块没有姓名
没有生殁年月的墓碑
它曾给予启示……
当我分裂迷失了自己

上百个
上千个夜晚
我是无数个碎片和影子
有个英俊的异乡人
曾叫我黑衣女人……
筋骨，血肉，梦和灵魂
裹在月光的阴影之下
没有生活过的怯懦者啊……
我满目狐疑地盯着

这万劫不复的人世间……

最平凡的爱
胜过幻想……
当跨过两万多个覆盖的深坑
最终穿透炼狱般的迷雾……
煨汤煮水的寻常里
我用双手铺开暖意的气息……
如果最后一道夕阳落在银丝上
我将知道……
如何温柔地度过
那喃喃自语的余生……

因为要打破

你一直向我显现
从荆棘肃肃的大地之下
你还是不甘心地注视着——
用那双没有被悲悯过的目光

不要再忽明忽暗地走向我
我已看不见你——
影像已重重叠叠
从每天……到无数个年……

我愿留在这世界——
甚至在凛冽阴森的雨日
那丛野草　那座墓穴
已说出了生死的所有秘密

你要安详啊
我亲爱的逝者——
不要让思念的泪珠
流出你已紧闭的眼眶

许多年了……

许多年了……

因为要打破……

我朝每一个人……每一扇门歌唱……

倘若我问我

倘若我问我
“沧浪之水何以清兮，浊兮？”
我惠自己以沉默
倘若我再问我
“是继续活着，还是死去？”
我会告诉我某天某时
斯芬克斯怎样分裂着自己

听见死去的人谈论活着
遇见活着的人已经死去
一切都在消失——
记忆，想象，个性，对立面
流浪的阴影掠过腐朽的肉体——
所有的事物正被时间宰杀
消失于一个迷宫

忧伤的孤独，可叹的脆弱
对着埋葬自己的墓地尽情流泪
摇摆的灵魂之河

我从不知道“魔鬼有大志”——
那是一口被噎着、缠绕的芳香
“伪装者”啊——
生活终生的伪装者

园丁不除去害虫和杂草
黑色的曼陀罗摧残了重生
倘若我最后问我
“时间快到了，心何以还在跳？”
我会把我此夜梦见的神圣之光
告诉自己

疯言疯语

（一）

是时候了
为了她们的缘故
我要掸落
眼中的尘埃

（二）

我酣饮着
梧桐树的气息
那些亡魂的人啊
还在层层的黑幕里跳舞

（三）

茂名南路的寂静中
知了气喘吁吁地唱着
瞬间的聒噪

带来了那年的夏天

（四）

我想凭记忆
画出三位姐姐的容貌
死的时候
她们是含笑的十八

（五）

梦影依稀
她们的眼里还有眷恋
孃孃的怀抱里
表姐的尸体在发光

（六）

锣鼓喧天的年代
春不到
黑压压的蛆虫
吞噬着含苞的花朵

（七）

她们的脸上
曾是微微清香的甜笑
纤弱的丽影
我童年唯一的色彩

（八）

淮河旁的村庄
一朵朵栀子花
在大祭台上横陈
雪花渗透了处女的血

（九）

去死吗？
何诉青春
去死吗？
她们在飘落中看见了清白

（十）

相约——

用花瓣抹红了容颜

相约——

在故乡的冷烟里告别

（十一）

穿越流沙

老房子空空荡荡

没有消失的

是颤抖的小提琴声

（十二）

夜未央

夏天无数的蝉鸣

三位姐姐的幽灵

和我一样怕冷

（十三）

我要活着啊

凡尘的边缘

我要活着啊

我还没有把你们写尽

我不会悲伤至死

在初始的时候，我出生的时辰，
那时我用大声的啼哭，冲破
母亲温暖的子宫……
我知道途经人间的真相——
灾祸，眼泪，没有平静，
没有安宁。红色的血液，像大海翻滚的波涛，如腾如崩。
而广袤沉默的灵魂，从不说出
源头的秘密

行走，击伤；行走，自己医治
自己，然后放声大哭……
孤独的蹂躏，在风雨晦暝中。
蓓蕾爆裂成了花朵，它没有死
在受苦的尘寰，在幽暗的林中有一道最后的苍穹之光——

夜莺不会悲伤至死！

在大海，在旷野，
在溪水干涸之地，有一缕白发
在星空下朝我显现……
我将在父亲被遗忘的坟墓上
埋葬过去。故乡的白兰花
栀子花，还有那缀满了露酒的
白玫瑰，会陪伴它——
走向明天的预言
我热爱这人世凡尘

在最后的时候，我结束的时辰

我不会悲伤至死！

主啊，请对我说

主啊，请对我说，你的
神秘花园里到底有什么——
是否如销魂的性，那般迷人可怕。

窥视了一眼，一个犹太先知
当即死去，另一个疯癫，智慧的
以利沙，则此被异端操纵。

一边是冰冷的雪山，一边是
燃烧的火峰。全身而进，全身
而出，唯有那个目不斜视的人。

许多，许多次……我们忘了你，向左，向右。
许多，许多次……我们看不见前方隐藏的甘泉。

死亡和诡异的兽仍在庞大——
它唱，它逼着世界倾听，它让
人找不到回家的路。

主啊，我想对你说，四周的
纷争、苦痛，还有那些抽风般
说理的人，让我沉默。

我在人世凡尘

我在人世凡尘
忽冷忽热的日子
令我动情
使我忧思

我喜欢过
冬天雪花里的
炉火融融
我也热爱过
星星跳动
在夏夜的灯芯草中

我的心思
为爱情停留过
又苦又甜
虽然他常常
行踪不明
像茫茫雾气里
那朵迷失

在寒色中的荆棘花

我清楚地记得南方
我在故乡的人群中陌生
所有的女人
都有属于她们的男人
在白桦林矗立的北方
我惊愕地发现
更遥远的路在等着我

是什么
让自己成为了自己的伤口
是什么
让自己既是死囚
又是梦中的新娘
潮起时
我舍命在滚滚的波涛中
潮落后
我沦陷在徒劳的泥潭里

沉默
是那如血纠缠的夕阳

逆着隐秘的河流

月光下的墓地
埋葬着一张
终生戴着面具的脸

活过
也自己杀死过自己
爱过
也冷眼旁观过
摇摇晃晃
欲望的一生啊！

我在人世凡尘
遇见一颗露珠
它挣扎在黑夜中
然后抬头融化在阳光里

比白色的栀子花更白

对游走的记忆并不陌生——
比白色的栀子花更白。
河水曾向十点的太阳致敬
波光粼粼。

一把泥土掩埋了我们——
被踩得结结实实。
树林用虚空的沉默穿透终结
暗影交错。

禁地徐徐打开——
是一本无缘无分的书。
或许，没有被你真切地读过
才是我的幸运。

这是什么？青春？爱情？时间？
为什么一面美丽，一面残酷？
一个纯真的眼神忽然消逝……
可能只要一夜。

这是生死悲欢的禁地——
而你在里面。一束悬崖上的彼岸花
是什么？……映射着被我遗忘的自己
那些被寒夜裹着的时光。

不过是归还

我爱你，生活！

说出这火焰般的话
不过是归还——
就像谷粒属于麦穗
奢望过的女人，白昼的梦者
用一张反叛的脸——
等待独有的时辰，等待独有的男人
稠密黑暗，月光乍现的
玻璃海上——
我被遗弃，我也曾让人见鬼

我爱你，世界！

说出这重生般的语
不过是归还——
黎明前最后一颗星星已归于沉寂

万物在波浪中沉浮——

孤独不再胜利
活着，为所有曾经活过的亲人

爱着，为一座座杂草丛生的坟墓

我爱生活！我爱世界！
说出这星光灿烂般的话语
不过是归还——
尘归尘，土归土
时间流逝，尽头是一扇彼岸的门——
但我听见父亲和所有的死者
都在歌唱——
为他们曾经活过，爱过

版画/祝开江

一阵痉挛
从深渊里挺起
两个长发女人爱着我
在我渴望时
在她们迷误时
在没有回头的春夏之间

四

哦，我隐蔽的朋友

哦，我隐蔽的朋友

就像那场
凤凰涅槃的大火
烧透了一切——
我必须赞美这痛苦的世界
最深的黑暗里
有最亮的光——
不死鸟菲尼克斯的灵魂
在一座囚牢里散步

我在和谁交谈——
在一个生成屠场的谎言里
裹尸的黄麻布，看不见的毒素
还有拥挤不堪的血色
哦，我隐蔽的朋友——
那是一场人的终结
哦，我隐蔽的朋友——
那也是另一个时空的入口

在荒岛边缘，在荒野之中

我对着沉默不语的阴影出神
哦，我隐蔽的朋友——
不死鸟菲尼克斯的灵魂
我必须赞美这至暗的世界
哦，我隐蔽的朋友——
一根白色柔软的羽毛
正从死亡的灰烬里向我飘来

哦，我隐蔽的朋友——
不死鸟菲尼克斯的灵魂
请你来告诉我——
我被困的生命是什么？我哭泣的家园是什么？
我扭曲的人类又
是什么？如果他们不是你——
被那场大火烧透一切，向死
而生的涅槃凤凰。

二〇二〇年

很多人死了
也有很多人感觉自己
正义在手

病毒
无声地庆祝自己的“胜利”
从故乡的冬天
到异乡的夏天

有一位上海大姐
在美利坚中招身亡
我想大声痛哭
但没有流下一滴宝贵的泪水

很多人死了
也有很多人在如火如荼争论着
所谓的真理
还有人晃动着闪电般的眼珠说

“他是神之子”

人耕耘着死亡
同时追逐着
自己也不相信的谎言——
仿佛它是一把打开天堂的钥匙

低下头
我看见白色、紫色的百子莲
在雨水里启示般盛开
我看见无人问津的蒲公英
却已依约如旧着发芽、开花

俯下身
我虔诚问候造物主真正的赐予
——悲伤的二〇二〇年里
你们才是被拣选的
最闪亮的遇见

要好好活着……
和你们一起活着……
活着……

你会不会想不起我是谁

一天，两天，我们分离
一年，两年，我们仍然分离
在黑夜和白昼，在每分每秒之间
仿若罪孽深重的过客，被关在各自的牢笼里，不能拥抱。

高山和大海之间原有足够的空间
但我们不能飞翔，不能重逢。
夜深了。下雨了。天堂之门早已关上……凡尘纷纷扰扰，
春华秋月一声叹息。

时间也一样，没有对爱情半分
大度。枫叶飘落了一年又
一年，一半阴湿，一半光亮……
那是无休无止的期待
而期待有一天是否也会丢失。

你会不会想不起我是谁？当有

一天等老了岁月。我在献祭里
乞讨幻觉，我的发由黑变白。

对拥抱的感觉已日渐模糊

对拥抱的感觉已日渐模糊，
候鸟何时南归。
冬天的雨雪还在肃杀飘飘，
阳春何在？

黑暗中已经没有了光芒的闪电——
死亡填满深坑。
茫然把孤独之灵抛向空中，
不能落地。

小溪流下岩石想成为沼泽——
洗礼之水封冻。或许，你，
还有人间都使我不能相信。
我才知道如何直面这个荒唐的冬天。

突然，许多跪着的老狗开始亢奋——
猛然跳跃而起。
莫名炫目的幻想剧情，你猜不出
那是不是一条知天命忏悔的狗。

对触摸的感觉已日渐消失——

活着，到底是什么？麦子，

筛了一遍又一遍……地上的声音

还在问，何处更明亮？

一天，两天，我们分离

一年，两年，我们仍然分离

对我说说话吧，地球母亲

对我说说话吧，
地球母亲！
创世纪以后的今天，
混沌迷蒙的长夜还在
笼罩着人类——
他们被心里的老狼和豹子驱使
直到以死亡的名义——
坠落万劫不复的凄苦之河

人类失路的经过，
何人说得出？
多少人已经饿得发疯——
权柄、金钱、利益、欲望
织起一张诡异而又斑斓的网。
多少人犹如一个
永远吃不饱的狮子——
昂头，永不羞愧地寻找猎物。

对我说说话吧，

地球母亲！
对你的无限热爱
曾使我遍寻活着的真理——
多少人遍体鳞伤，
为什么又紧握苦涩的匕首？
多少人在呼唤正义，
为什么回头又张开血盆大口？

撒旦的老把戏，
暗暗放出那些嫉妒的幽灵——
爬行在自以为深邃的思想上。
它从不悲悯卑微者的不幸——
昂贵的代价悬在半空之中
它仍以妄言向世人表演：
“啊，我是最了不起的！
那奔涌的大海也难以和我匹敌”

对我说说话吧，
地球母亲！
谁在烹食无辜者的心？
谁在榨干最后的枯骨？
谁在为强权歌唱赞美？

谁在使疯子忘记死亡?
谁在用谎言遮盖罪恶?
谁在让眼睛归于黑暗?

当历经多少世纪后——
当站在祖先面前的时候——
当跨过黑风谷的哀嚎之外——
当透过冻住的眼泪看清自己——
我会像一只小鸟找到归巢吗?
我，曾经遥远的、越陷越深的
灵魂会自己告诉自己什么?
我会羞耻地接受最后的审判吗?

对我说说话吧，
地球母亲!

混淆

雨的世界，有一种
恍然的苏醒。它使枯萎的小草
没有丧失这个清晨——
湿透的矢车菊，玫瑰，
百里香和黑黝黝的泥土，
都在接受重生般的洗礼——
虽然雨的世界是这般的冰凉。

乌黑的眼睛，和夜的雨
一起交错在契约般的沉默中。
穿越乌鸦布满的天空——
那些水，那些含盐的
溶液，
弥散于眼球与眼睑之间的
滑落，在死者和生者之间是如此的珍稀。

眼泪，这小小的灵魂颤抖，
不要让它成为无用的碎滴——
透明，饱满地显示给这个狂妄的世界看吧！人类

在腐烂之前，
或许它可以弥合深渊似的破裂，
或许也可以冲刷伊甸园毒蛇遗留的痕迹。

一滴雨，一滴泪，
都有存在的秘密，并且清澈，
宽广着延伸。永恒和丧失
不是时间前的一句誓言。
谁也不是谁的祭品——
世界的另一面，混淆了仇恨和爱，混淆了悲伤的
告别和抒情的迎接。

溪水会干涸吗

溪水会干涸吗?
有人躺在了悲叹之中
永劫之地——
欲望号列车行驶的大地上
死了那么多人——
死于没有安全的落脚点
死于没有抵抗的力量
死于软弱的肉体

穿越崎岖之山
一起唱吧，还是先唱歌吧!
唱一首涂抹过色彩的歌——
和刚醒来的晨曦
和欢乐转鸣的群鸟
和早春二月的雏菊
和正在山坡上劳作的母亲

跨过四季更替
一起玩吧，和微笑着的孩子——

石头，剪刀，布，

一棵大树在狂风中倒下

石头，剪刀，布，

一朵小花在暴雨后盛开

石头，剪刀，布，

一个幽灵落荒而逃

……

溪水不会干涸！

我绝不怀疑

且听一个声音说：

结果子的生命要淌过阴影

历经悲伤之地——

在逆风中守护本初

在黑夜里看见光明

在涌出的泉源上得到慰藉

——这么多的热爱在心中洋溢

你看，那一缕缕浸染天际的朝霞多么灿烂

原来世界是如此的广阔

在黑夜的最后
在又一天的醒来
在突然而至、充满群鸟
歌唱的宇宙之中
在我知道大海还是我的母亲
破晓的何止是黎明——
扶桑、雏菊、素馨花、铃兰花
和所有为我醒来的事物
都在雨后盛开

就这样，我头戴花环
就这样，我眼含清风
就这样，我致敬晨光
就这样，我宽恕了极端的时代
宽恕了秘而不宣的思想
宽恕了没有和一个相爱的人成家
宽恕了自己曾经是一个布偶
宽恕了没有对世人说我爱他们
宽恕了所有未被定义的悲伤——

虽然时间把玫瑰和荆棘同时赠予
虽然年轮的伤口仍让人窒息
哦，我卷起残破的记忆
驾驶小舟摆渡迷雾——

在黑洞的梦魇和唤醒大地的黎明之间
原来世界是如此的广阔

在 2022 年的一月

在 2022 年的一月
在南半球的棕榈海滩
我坐在群鸟飞过的棕榈树下
我面朝喑哑的大海三天三夜——
呼喊着一位名叫莉莉的天使醒来
窒息，N95 口罩使她窒息——
窒息，病毒的幽灵使她窒息——
两年，两年了，每天都这样
窒息，窒息，再窒息——
圣诞后的某一天，她突然倒下，像被割裂咽喉的鸟儿……

我对着大海三天三夜——
我迷茫，我迷茫于海浪的泪珠——
五百多万突然死去的亡灵
我纠结，我纠结于孩子的接种——
一网套住一网挣扎的鱼儿——
一针，二针，三针……无数针……在等着……
从 2020 年的一月，到 2022 年的一月，蝼蚁们被逼向深渊——
荒诞的世界，苍狗浮云

病毒上脑，胡言乱语的政客们——
他们笑时，三岁的男孩和一个年轻人正在死去
但胡言乱语的何止又是他们
咎由自取——
从创世纪，从祖先被逐出伊甸园之始，无力、无知、贪婪和憎恨就紧随人类——
铅色的沼泽里，永生的迷失者

而我，终将消逝的我
在礁石塌陷的波涛汹涌中——
在乌云遮住苍穹的黑暗里——
在天地混沌未开的时分间——
我感觉我的眼睛，我的双手，
我的血液，我身上的每一根毛发
都是躁动的一部分——
我的判断，我的智慧，和我飞翔的翅膀，一起丢失了

我对着大海三天三夜——

我需要寂静
我需要寂静着不语
我需要在寂静中让涛声儿涌进耳蜗
我需要在寂静中打碎魔咒——
打碎惊恐，打碎绝望，打碎我口中塞满的淤泥，
打碎我失去的两年。

海浪，极其无情地
抹去了我写在沙滩上的一首诗
时间，从四面八方
悄无声息地抹去许多人——
过去的，现在的，将来的——
一个八个月大的胎儿，还没来到人世，又无情地
被抹去在母亲的子宫里

满脸皱纹的母亲说：
“死啊，并不是终将到来，而是随时到来。”

不会惊讶于先辈们的墓碑
但痛苦于时下的厄运——

“你要醒来啊，莉莉！”——众姐妹来了

“你要醒来啊，大地母亲！救救孩子”——众姐妹一起对着
撕裂的虚空呼叫。

最良善的女人啊！莉莉，孩子们的母亲——
你不要沉睡，好吗？十六天了
你听见众姐妹的祈祷之歌吗——
当穿过无常之境
我们一起去把死亡埋葬——

殇，席卷一切的病毒——
人们都禁锢在惶恐之城
七百多个月之圆缺，灵魂洗涤了什么？
九层地狱，七层炼狱，十层天堂
你，或我，将会在哪里——
拉开重生之幕啊！
黑暗中新生命的源头，它又在何处？

不要忧伤——
就让骤雨在大海上不停地下
不要愁苦——
就让迷雾消失在漩涡急流中

不要无措——

就让诅咒被流淌的血液拂去

在 2022 年的一月

在南半球的棕榈海滩

我坐在天地滔滔的苍穹之下

我面朝奔腾的大海三天三夜——

我随着日出日落粉碎灵魂凹陷的障碍——

我和众姐妹呼唤着莉莉醒来

呼唤自己醒来

呼唤大地母亲的醒来

莉莉是我表侄女，在悉尼养老院工作的她，2021 年 12 月 27 日突然在工作中倒下，至今昏迷不醒

我梦见许多张痛苦的脸

我梦见许多张痛苦的脸
被狮子、母狼、豹子围困
他们挣扎着想走回头的路
那时太阳已悄然西沉

我梦见一个黄皮肤的孩子
被一把无声手枪顶着稚嫩的脑袋
狂魔的思想已被恶意的谎言充斥
那时孩子在望着天上罗列的群星

我梦见无数已死的、濒死的人脸——
在弥漫着大雾的黑森林
被堕落的天使耍得团团转——
他们都曾是活过的凡夫俗子

我梦见有一双看不见的手
把天空上最后的一点蓝抹去
那唯一飞翔着的和平鸽
渐渐地被黑夜女神吞没

"你停留一会吧，再停留一会儿！"
一双在寻找的眼睛对着白鸽呼喊
我梦见花瓣被鲜血的泥浆碾碎
我梦见苦涩的匕首捅破了母亲的胸膛

我梦见饱经沧桑的大地上新的崩裂
我梦见没有经历过战争的人在呼唤战争
我梦见半个真理在嘲笑另外半个真理
我梦见撒旦拿着筹码想和上帝谈判

死亡的墓志铭早已刻好——
任凭世间的魔鬼百般地以恶诱恶
退到寂寞的旷野里去吧
多少所谓人的知识已使我作呕

我梦见那只白鸽找不到落脚之地
就回到了……挪亚那里……
我梦见自己纵身跳入了滔天的洪水
嘴里衔着一片……橄榄叶子……

因为你，我还在大地上生活

我抒情的诗歌，我临摹过的
容颜，我询问过的青春年华
我活过的所有日子
都算什么？
年轻的异族人——
您点燃了我，死灰般的世界
灵魂，还有将会永远被埋葬的
肉体，重新有了飞翔的翅膀。

我也有一颗年轻的心。

年轻的异族人，因为你，
因为生命短暂，因为不舍的情缘
因为我身上流着我祖母的血：
半是桀骜，半是温柔——
分离，病毒，和世俗的一切
怎能摧毁我们的相遇——
你的样子，你的微笑
你带来的潮汐，你惹起的波涛

仍在拍击着快乐的音符——

直到今天，今天。
因为你，我还在大地上生活。

我们都在同一张网中

我们都在同一张网中，
被无数的谜包围。
挣扎之中，
有人想揭示被自己和时代
遗忘的真理。

宽厚仁爱，
还有一朵殷红的彼岸花
都在悬崖之上——
在如此荒诞的惊恐中。
在希望被无情地扬弃中。

风甚大，
谁在水面上行走？
谁会最后沉沦？
谁在推着巨石互撞？
谁在堕落上宽下窄的地狱？

每颗心都有创伤。

每颗心都在等待。

每颗心都还想继续跳动。

而末日来临，

谁将受到烈火的拷问？

我们都在同一张网中，

被无数的谜包围。

安静在黑暗中

安静……在黑暗中……
然后对着阴影下的荆棘高歌
无须忧伤
无须失望
所有黑沉沉的压迫
所有蒙蒙混沌的长夜
都是黎明
在东方蓬勃的前奏

黑暗的隐蔽之处
是昼夜的焚烧
也是充满三重的交错
它使月亮发光
银河闪烁
这永恒不朽的存在
和光明一样
同属于这伟大的宇宙

安静……在夜雨中

坐着……看着……一声不吭
为自己，为着盲人的表演
为着迷失方向的灵魂
多少世纪后——
但丁笔下无头的躯体
还在高举起鲜红的头颅……
在凄惨的群鬼中走过

呜咽的泪滂沱在死寂里
乖戾如洪水淹没了愁苦之城
我们遭难
我们在茫茫的无望里
一个声音从旷野传来
“哦，你看，幽深的天空上
那挣脱黑幕的群星
正使一切完整。”

安静……在黑暗中……
然后对着所有的磨难高歌
何须到处寻觅真理
暴风雨中挺立的橡树
深深扎根在大地的泥土里

安静……在黑暗中……

一只灰鹰飞过

衔来了苍穹的光亮

打开窗吧

打开窗吧
看逆风搅乱世界
如果还想欣然举步
就到原野中去

不要像一只停飞的小鸟
在暴风雨中抖嗦
障碍使黑夜里的雄鹰展翅
他知道那是洗礼的荣耀

在撒旦离去之前
会有很久的时间
在太阳真正升起的时候
也会有很久的时间

朋友啊！试炼也是祝福
所以请打开窗吧
你只管静听逆风中
一朵野花盛开的声音

来，爱上自己

来，坐下。迎接自己回家——
沏茶读书，展一尺素笺
然后卧听风雨
来，爱上自己。把一切躲藏
在内心的无趣、恍惚、孤独剥离——
剥离就是剥离，为了照见
镜中
已经陌生的自己
像一树花开，给自己写一封
深情款款的情书——
可柔美，可刚毅
什么薄雾浓云，什么满身风雨
都是误入他人世界
再也不把自己卖了，当了，埋了
尘世烟火，人生海海
什么受伤、失落、失去，什么绝望的黑洞
都是自己盗窃自己的自虐
来，坐下。迎接自己回家——
就像迎接星辰绚烂

来，爱上自己——

犹如黑夜把黎明赠给世界

致我所有身患抑郁症的朋友

为什么把你的忧伤造得如此膨大
一场风暴让海马体萎缩
脑沟宽大

抑郁占满江河——
江河占满整个星空——
找不到曾经的自己
找不到心中躺着的所有死者

失衡的生化物质——
无法升腾起爱的能力——
接纳夜的虚空
接纳虚空弄湿你的头发
接纳悲伤绝望的阴霾，是复活的泉水

去爱吧！
去爱有意、无意捅伤你的亲人、孩子，或是你的
敌人
去爱吧！

去爱你不曾认识的所有女人和男人

去爱吧！
去爱春天里每一朵小花盛开时的
气息，去爱刚出炉的面包香味
去爱一碗热气腾腾的故乡小馄饨
去爱吧！
去爱你不曾认识的所有女人和男人，去爱过去的
和还不曾到来的时间

把快乐造得比忧伤更膨大吧——
为了这短而又短的一生
为了自己是一颗流星
为了死亡不是一个神话
为了今天的太阳已经爬到了你的头上

早上醒来我想微笑

——悉尼晃晃荡荡的三年

早上醒来我想微笑
早上醒来我忘了微笑
下午我想反驳一个人对战争的论述
下午我忘了反驳他
黄昏时我想安慰中招的恩师
黄昏时我忘了安慰她
晚上我想清楚了自己是什么人
晚上我忘了自己是什么人
入梦前，我想起了父亲生前的话
入梦后，我忘了父亲的话
没有任何哲学体系
让人毫无疑虑地走过这三年
三年何期——
我，囚徒，佝偻着身躯，像世上所有的人一样。
三年久矣——
我，虚无，又实实在在被咬着
三年，三年，呼吸不畅的三年，晃晃荡荡的三年——

我，爱着爱情，又徒有思念

海浪啊，海浪！

请你别在我眼前一波波奔腾——

你，让我想起他身体内的山峦、急流，和风之呼啸

新的一天已经到来

月亮，你躲在了哪里？
使人类在无星之夜独自彷徨。
黑暗中猖狂的瘟神，
像无形的铁链锁住了我们的身体。

太阳，你又为何如此暴烈着燃烧？
大地的甘泉日渐干涸。
森林之火如陷入红海的绝境，
涂灰的灵魂无法后退无法向前。

你听！鸟儿的啭鸣痛楚悲伤。
你看！花朵的芬芳深陷泥泞。
人类二〇二〇的初始
就这样被黑色的咒诅戛然定义。

在我最恐惧的瞬间，
在你心中流血不止的时候，
亲爱的朋友啊！
你听到了星空上传来的苍穹之声吗？

那是爱的亘古呼唤，
那是一道划过天际的光芒
那是逆行者悲壮前进的脚步声，
那是天使用生命守护地球的咏叹

亲爱的朋友，
走向他们吧！用忏悔的力量，
用烈火后一朵野花倔强的重生，
用一颗祈祷的心

亲爱的朋友，
拥抱他们吧！用慈爱的活水，
用寒夜后晨曦在云层中澎湃地升起，
用一颗感恩的心

为了看见阳光，
我们来到这个可爱的世界。
为了成为阳光，
我们用爱胜过所有的考验。

月亮，不再隐去，不再忧伤，

她用母亲般的温柔朝我们微笑。
太阳，不再赤热，不再暴烈，
他用父亲般的宽广沐浴着我们。

新的一天已经到来！
新的一天已经到来！

版画/祝开江

天堂地狱
都是如此的陌生
盘踞在
伊甸园的蛇又何妨
十字架下
他已走在前面

五

我注定要和这地球相爱

我注定要和这地球相爱

和心中的孩子一起歌唱——
我对人世间的情感从未消失
没有微笑的一天不是我的
露水滋润着醒来的小花
船儿在晨曦中升起了白帆
幸福的人儿
生命存在的喜悦
每天都是新的开始

没有微笑的一天不是我的
我的眼睛有它自己的驻所——
白天草儿青青　天空蓝蓝
夜晚星星闪烁　月亮如水
这足够令我心动
幸福的人儿
不在欲望的世界中
活着是一个个微小的眷恋

和欢快的鸟儿一起歌唱——

我注定要和这地球相爱
没有微笑的一天不是我的
河边盛开五瓣的紫丁香
大海荡漾着金色的黄昏
幸福的人儿
不会到处去寻觅
地球美好的一切就在身边

没有微笑的一天不是我的
我的灵魂有自己的庇护所——
我在风中诵吟大江东去
我在雨里唱着沧海桑田
这已足够令我心跳
幸福的人儿
即使偶尔也会叹息
也不会忘记爱在我的心中

这么早你就醒了

这么早你就醒了——
美丽的青鸟，披着晨光的青鸟
欢乐是你歌唱的声音
让我想起了许多幸福的时光
起床吧！
为什么不走向窗外的世界
薄雾已经悄悄散去
花香在空气里弥漫
这样纯净的清晨——
这样简单的日子——
适合去采集阳光
适合和所有的事物相爱

这是一天的开始

这是一天的开始
海水和阳光同样清透
俯身一朵洁白的浪花
听她歌唱在万年的奔腾之中
晨风微微地吹拂
带走了黑夜的忧伤
粼粼的波光轻轻荡漾
覆盖了千疮百孔的世界
去吧！
他已在远方的远方！
再也不须颤抖着思念
去吧！
船儿已经启航
幸福的生活
就是自己成为自己

生命的光芒

夕阳的火焰
在我的灵里奔腾
年华的金黄
在旷野的苍茫上灿烂

蝉翼般颤动的心
向着天空在飞
——我仍是
那一只会唱歌的青鸟
素然盈动的笑脸
朝着红尘的相遇守望
——我仍是我自己
那个会绽放阳光的孩子

白驹过隙——
云来过雨来过
何不把
最美的荡气回肠
献给时光之上的深情

一指流沙——

山走过水走过

何不让

透骨的荒芜随风飘去

生命的光芒

在我的魂里回照

活着的热爱

在每一天的平凡中怒放

我是这样活过的

——为羽露 60 岁生日而作

我是这样活过的——
昙花一现的身影，朝圣者的心。

爱情曾经很膨大，我赋予它
无穷的赞美。我奉献——
以少女时读过的所有诗篇。
一道闪电，一场高烧
一只无形的手将它刺成重伤——
路途，伤痕斑驳
是你，或是我，或是时间的翅膀
未守那深沉的誓言——
茫茫地透支

夜，听到过寂寞的叹息
垂落的星星仿佛是我们的孩子。
离别已久，玫瑰似乎
要在梦的边缘等待盛开——
遇见过几个男人，在淅沥的

雨中，在肆意无常的岁月里。
无情地删除他们对我的独白——
只是因为想起你，想起
你看我的眼神，想起第一次
白色床单上潮红的初夜。

黎明，依旧是念想的模样——
一路追你，一路追着昨天
光阴无情地滑落——
画叉、重写，再铺开如水的红尘。那时，黄昏已开始演奏——
我寻找秋天合欢树下的落叶
我回首冬季千回百转的雪花
我挂上地图出航——
虽然我，还是只能读懂大海里
几朵翻腾的浪花

我不再将思念逆流成河——
风来，热情相拥
风去，在自己的心里修篱种菊
我赴那水阔山长的天涯
我赞美沙滩、草原、旷野上的

一朵野花

我在一剪夏风里掬起半瓢阳光——

爱与恨，冷眼一瞥——

生命，因我来过，才成为生命；

爱情，因我爱过，才成为爱情。

我是这样活过的——

我失去过一个深爱的男人，也获得过整个世界。

浮生一日

金色灿烂的黄昏啊，来吧！
你还在期盼什么
浮生一日
我走过哪里？
爱过什么人？

夕阳是深沉的
比望不到尽头的沙漠还要深沉
但更深沉的祈祷声再次响起——
一幕信仰之剧——
是属于最秘密的轮回

但轮回只属于太阳
属于即将到来的月亮
有人已经安息——
有人正在走向安息——
没有谁能阻挡死亡的脚步

为什么要祈求来生——

为什么不让今世燃烧——

浮生一日

我走过一座座被遗忘的孤坟

我爱过每一个活生生的灵魂

没有下辈子，没有来世

没有下辈子，没有来世——
来世只不过是另一个灵魂的借尸
每一个盛开的春天
每一个记忆的出口
都要许一件梦之衣裳——
把自己从下沉的戏帷中解救出来
当最后一幕降下——
哦，我会温和地走进布满星辰的良夜

把忧伤的荒原深情凝视
不要为未来备下一块沉默的墓地
一只扑火的飞蛾，来与去
都不是谁的背景。我从不需要
小心翼翼——
我啼哭而来，我大笑而去

永远是自己，何必重复慌张
在活生生的今世里——
一个厄运的战斗者，活与死

从不在阴影里咆哮。

我以伊甸园之名拨弄时光——

我燃烧着活，我欢笑着死

没有下辈子，没有来世——

来世只不过是另一个来访者的借尸

每一次灵魂的觉醒——

每一个走向内心的日子——

都是一场场爱之相逢——

从谎言的愤怒中救赎吧

当最后的夕阳消失——

哦，我会温和地唱一首天荒地老的歌

畅饮那荒漠甘泉

我驻足于大海、岩石、山峦和彼岸之间
赭红的云层低吟，且燃烧。
随风飘散，随遇而安——
无花无性无种的苔藓，自然的
拓荒者，正以孢子繁殖。

我该肆意踏浪吗？我该如何
横渡即将远去的又一天？
少时的作文里，我常常郑重地
写下这四个字：

时光如梭！

我想和奔腾的浪花彼此对唱——
用新生的几根白发，用力饮尽苦汁的思念。
但我已无力支付柔情——
这不曾是我设想的世界——
虚弱，欺骗，无从把握
还有战争和病毒的哑谜。

原谅我，蜷缩，再蜷缩
原谅我，手里没有一盏灯
原谅我，所有辗转无眠的夜晚
原谅我，不能拥抱一个赤裸原始的男人——

回音响起，在骤雨的天边，
在沉默的海底，在摧毁星星的此岸，
在一株芦苇折断的深谷之旁，
在黑暗无人的寂寞里——

梦见死去的父亲，在盛大节日后的午夜，在万籁俱寂时——
但他……从不开口，却用缄默的
眼神带我穿透谎言的人间——
直到我心充满颤栗，充满祈祷
直到不让蛇在心底躁动——

大海，原谅了我！让我继续凝视
岩石，原谅了我！允我继续攀爬
山峦，原谅了我！使我继续奔跑
彼岸，原谅了我！许我继续歌唱

——随风苏醒，随风呼吸
不再随着时代的悲怆告白
活着，或者死去——
我都将畅饮那荒漠甘泉

在风中歌唱

我醒来——

是为了不掉进噩梦的漩涡

我活着——

不是为了卑微地追寻白痴之光

无数的群鸟从心房飞出

在风中歌唱

不会因为一场瘟疫

海浪就失去了自由的涌动

不会因为一场战争

世界就会永远迷乱幽暗

主啊！

我不是生活的绝望者——

一缕晨曦落满灵魂

它在世界忧伤的尽头

为人类歌唱

倘若有一天

倘若有一天
我不能再写一首大海的诗
今天就是我的全部
倘若有一天
我不再站在生命之门的槛上
今天就是我的全部
倘若有一天
独角兽的血也不会使我起死回生
今天就是我的全部
倘若有一天
我温软的乳房冰冷如亘古之初
今天就是我的全部
倘若有一天
支撑我肉体的 206 块骨头随风化为尘埃
今天就是我的全部

我的父啊！我感谢祢——
让我来过这美丽可泣的尘世

我怀着重复无数次的爱而活着
也将带着爱走向那处子——
浩瀚的、无尽的虚空——
死亡。

黎明的物语

晨曦渐渐破晓
在那儿——
在地平线尽头——
在两棵古老的松树之间——

笑着醒来的小草
还有即将消逝的露水
都在轮回的荣光里——
演绎着庄严的美丽

我能看见——
那最后一片含霜的枫叶
正用弥散的红颜
轻轻地和眷恋的夜风告别

我能听见——
绿草坡上蓝色的鹡莺
朝着太阳升起的远方
婉转悠扬地歌唱

黎明的物语一倾而来——

向着寂静的自己

向着度过黑夜的灵魂

向着一种恍然苏醒的热爱

我的笑是赞美

我要舞起来，我的热爱来自我的生命。肉体和灵魂
一起豁然开阔，在露珠晶莹的青草地上。

我的笑是赞美，是最初的感动，是细碎的光阴。
它是眉间的暖，是思想，是观念，是我在人间最动人的语言。

姐妹们啊！
一起来亲吻大自然吧！
亲吻这醒来的晨曦，亲吻溪水，亲吻小草和鲜花，亲吻刚刚被我们挪开的石头。

姐妹们啊！
去拿起你的小提琴，唱起你的情歌。我们一起举目望天

“造物主啊，我多么地感谢祢！”

雨来了……雨来了……

当风不被打扰
当小溪不再诉说
当绿草半是凋零
当斜阳寂寞地搁浅
我走在旷野的大地上
等待着细雨的探访

当青山渐渐隐去
当鸟儿不再歌唱
当蝉声在秋意里自凉
当垂柳失去婀娜的身影
我走在无人的森林里
等待着细雨的探访

当思念只是纠结的片段
当唇边再也没有笑意
当尘世毫不怜人
当人间都是怨言和仇恨
我走在遗落的记忆里

等待着细雨的探访

当我低头的那一瞬
当我宿命般默念你的名字时
雨来了……雨来了……
雨就那么哗哗地来了……
……又准……又甜……
滴落在我枯萎的心上

在尘世的洪流中回家

在尘世的洪流中回家
找到自己。在一面镜子前——
少女的笑，还有一丝白发。
并非过分描写，这难道不是
最好的现世回报吗——
长路漫漫后生活磊落的回响

孩子们已有他们的孩子
我也找到了陌生的自己。
在突然被异化的新世界里
我露出了最忠诚的微笑——
熬过了骄傲的春天，难受的冬夜
我给自己写下了一封最动人的情书

为自己惊人地活过，一件
黄昏的羽衣。然后，再为自己献上一抹黎明金色
——
短暂的浪花是生命的诠释
我曾用痛苦、辜负，自己点燃的火把，想让它尽

快地消失

在世界的尽头回家
拥抱自己，在南方之南——
咖啡，蛋糕，再给自己
献上一朵野地雨后的百合花——
直到死亡的颂扬之声，欢欢喜喜地迎接我，在救赎之家

你应该遇到这样的时刻

你应该遇到这样的时刻
陌上草色青青，一阵微风
轻轻吹过柠檬树。
冬日的阳光下，一对头发灰白的老人，微笑着打盹。然后
夕阳的神圣之光又扑面而来。

自然，让你吮尽它的骨髓——
你听见浪花磅礴之声
你看见晚霞灿烂地挂在树梢
你明白日子如何一秒秒地奔驰
你知道活着最珍贵的是什么——
击碎虚幻的名利，击碎
所有的贪恋，击碎听天由命的
绝望，击碎所有无意义的伤口

看啊，亲爱的！
人间的炊烟正在袅袅升起——
在梦里，妈妈站在一扇敞开的

门前，呼唤我回家——

她呼唤了一次，两次，三次

无数次——

她呼唤的世界是多么美好！

走到小桥上去

来啊，我们一起去
这金黄色的原野——
吐着泥土的芳香
吐着阳光的色彩
溪水软软淌进心田
像是女孩梦里的诗篇
欲说还休的世界——
主啊，我幸运地知道
拿什么颂扬这柔美的大地
我们将走到小桥上去
穿过长满灯芯草的树林
在一个黄昏
在一个期待爱的日子里

赏油画家祝开江作品有感

我为你祈祷

我为你祈祷——
在又一天猝不及防到来的时候
我为你祈祷——
在赐予蕴含的又一个清晨里
我知道你一定能够听到
黎明带来的重生之歌

我祈祷每一个人
都是卑微而又伟大地活着
当你相信——
困苦会使你更加宽广
当你相信——
桎梏就是你飞向蓝天的翅翼
当你相信——
心中的光明会从黑暗中升起

我祈祷每一次相遇
都是前世望穿秋水的重逢
当你相信——

一场邂逅可以成为永恒
当你相信——
试探的尘世总有一个人爱你
当你相信——
灵魂清澈的溪流会永不枯竭

我为你祈祷——
我用我的一纸冷暖　半笺温馨
我为你祈祷——
我用葬于记忆里的祖辈、落在
麦田里的种子、殉道者的思想
还有一朵玫瑰花盛开的瞬间

这是第一首颂歌

这是第一首颂歌
光芒从黑暗中而来　包围着我
在清晨六点
我同时听到了大海和森林之声
连燕子扑扑的起飞之音
我都能听闻

女儿啊！自然的女儿
请你赞美它
所有的苦楚都是暂时的
在暴风雨后
是的　不能让爱偷偷地溜走
太阳正在大海上喷薄

女儿啊！自然的女儿
也请你朝那朵
沐浴在晨曦里的浪花
招招手吧……
不要在活着的时候
就让自己的一颗心死去

窗前是又一天的清晨

窗前是又一天的清晨
阳光那么的年轻——
我如此地诚惶诚恐
哦，怎么过好这赐予的日子

杜鹃在尽情地绽放——
它并没有啼血哭泣
天堂鸟仍旧唱着天堂的歌——
用温暖的气息迎接洁白的云朵

我把头发梳得整整齐齐
仿佛他会从远方赶来——
一串鲜红的相思豆开在心上——
去年的十一月我们还琴瑟和谐

窗前是又一天的清晨
春风如此的温柔——
生命中的人啊，来了又往
哦，我多愿时光能缓，故人如初

我不是一座失魂的孤岛

三月的一天我走向大海
鸥鸟在蔚蓝之间
盘旋着永不停歇的翅膀——
一首千万年的白色恋歌

看不见的众神之手
仿佛在远方的远方
正掀动一张冰清的床单——
深藏的宽广紧紧地拥裹着我
似我那如海浩淼的父亲
晶莹翻卷而来——
阳光碎裂
激流碎裂
耸立的浪花碎裂
透明微咸的泪水碎裂
世上没有真正的死亡——
涛声的幻想中
我不是一座失魂的孤岛

我父亲的名叫“如海”

亲爱的人啊

浪花笑了
大海笑了
野地里的百合花笑了
阳光笑了
黑暗降临
满天的繁星笑了

孩子笑了
母亲笑了
麦田里的农夫笑了
流浪者笑了
暴雨突袭
荒漠中的牧羊人笑了

亲爱的人啊
你为什么还不笑
不要把昨天的
忧伤歌唱
不要被白茫茫的

思念羁绊

看那座孤零零的墓穴
南来的候鸟
正在它的上面
筑起新的爱巢
看那片大火后的森林
新绿正在前所未有地萌芽

亲爱的人啊
从今天起
不要辜负晨曦的微光
不要辜负黄昏的斑斓
不要辜负月光下
那个无比靠近你的人

亲爱的人啊
从今天起
红尘的渡口　云烟的岁月
请让自己的灵魂
朝着世上
所有的生灵微笑吧

祈祷的风铃

我轻轻地……
轻轻地……
摇响新年的风铃
所有的祈祷
越过旧年的烟尘
为你——
唱响千千阕歌

我愿你新年向暖
春天的阳光——
一朵花开的瞬间
伴着最初的念想
陪你踏过
那途中云水的渡口

我愿你新年向梦
仲夏的清风——
一颗夜星的莞然
随着无声的静谧

让你邂逅
那穿越千山的呼唤

我愿你新年向情
秋天的夕阳——
一片叶子的灿烂
朝着肆意的旷野
同你歌唱
那斑斓轮回的怒放

我愿你新年向爱
冬天的雪花——
所有童话的简单
一如重生的纯洁
为你填满
那孤独岁月的幽谷

亲爱的朋友啊！
生命如此有限
生命如此无限
请让我
轻轻地……

轻轻地为你……

摇响这新年的风铃。

版画/祝开江

这小小的
小而又小的世界
一个摇篮
和啼哭一起降临
因为赴约
我要忍受
终生般的拷问

跋　她仍是一只会唱歌的青鸟

江静枝

为映霞的新诗集写感言，一看到“荣枯的乡恋”这几个字，我就无声地流泪了。

映霞诗歌丰富的情感让我动容。

在澳大利亚平和的环境里，人们特别容易丢失激情。在漫漫岁月中，映霞如何保留她对爱情的向往，对真善美的追求？是她具有强劲的生命力，抑或是她比常人多了一份幸运？

她说：

我有无数次的悲哀
也有无数次的幸福
每当忧郁的薄雾降临
我就打开自然新生的光亮——

诗歌是从疼痛中分娩出来的产物。

纪伯伦曾说过：“诗不是一种表白出来的意见。它是从一个伤口或是一个笑口涌出的一首歌曲。”

映霞的诗来自真实的体验和感受。她的伤口和挫折如同铅版上一个个字粒，当排列在一起时，就成为一篇篇动人心弦的诗歌。

她不想在悲伤中停留。她热爱来自大地的高山流水、树木花草、鸟语虫鸣的力量。在天地间她汲取宇宙的美的奇妙，她知道大自然从来没有背弃她，为此，她希望人们喜爱这纷纷扰扰的世界。

她说如果忧愁笼罩着你，请抬头仰望湛蓝的天空，一起来亲吻大自然吧！她要我们走向春天的阳光。

她涉足世界各地，流连忘返于博物馆、美术馆，通过自己的摄影、音乐配乐，为她的诗歌编织美丽的梦。在赞美诗中赞美生活的美好。她相信人生的经历都是雨后洗涤的赐予。

在这动荡与每时每秒都会不确定的大时代里，映霞和她的诗歌始终抗拒虚无主义。疫情三年里，我倾听到了她诗歌中对人类的孤独与爱的低沉呓语，也见证了她在荒诞中对真理的不懈追寻。

她说她没有向任何事物投降，她有充分的勇气活下来。

映霞的诗歌中有取之不尽、用之不竭的点点滴滴，除了勤奋，当然也是她作为诗人的本能。她是生活在两个世界之间的诗人。第一个是真实可触的现实世界，而第二个是她的密室。密室里是她想象和幻觉的世界。所以她的诗存在着一种独特的吸引力，一种悲喜混合的音调，即使在三年疫情最沉重的时期，她的诗也决不会缺少爱的回响。

她说她不能独享一首最美的歌，如果在早晨醒来时你仍看见窗外有一朵盛开的玫瑰，请对它说谢谢你赏我一片美丽。

她善于与人分享！她不是一座失魂的孤岛。在创作中她并不孤单。

爱情和乡愁是映霞诗歌永远的主题，那是她最初和最后的爱。

映霞的第二春来得晚，在她五十岁。

她为他的到来唤出少女的情怀，纯洁而激动人心。人们为她喝彩、为她祝福，也为她坦承情爱而艳羡。她的爱情并不狭隘。他们相隔千山万水、聚少离多，她不在乎朝朝暮暮。她说她活过两次，一次在吱吱作响的床上，和他，一次在漫天的思念里，也是和他。她又说不必犹豫，不必在世俗的律法之下，爱你所爱，爱你的男人。激情的肉体是如此美丽，我的灵魂是大地上的一缕轻烟。我们已经相会过，这已足够，我们已经任性地拥抱过，我们永远不会唱那首哀伤之歌！

映霞敢爱敢恨，她自信地知道幸福的生活就是自己成为自己。

映霞的诗优美，抒情，细腻！当然无数诗人的作品也是如此。但是，有多少诗人为阳光而快乐？有多少文人接受广阔的世界有一天将和时间一起消失的永远不可能是爱？

她坚定不移地用爱胜过所有的考验。

映霞的诗歌有令人不可抗拒的诱惑，使人一旦接触了就不得不沉醉其中与她共舞，不能自拔。她有女性极深的似水柔情，又有男性不羁的潇洒脱俗。她很清楚自己在某段生命中要走的路，她从不忽视自强不息的重要。她绝不忘记感恩！

作为一个女性，或者更准确地说作为一个

人，她是赢家，而且得胜有余了。

“我只想透过你的爱来看世界！”

向着天空在飞，她仍是一只会唱歌的青鸟。在爱的原始拥抱中，映霞的诗如鹰展翅，盘旋在蓝天。

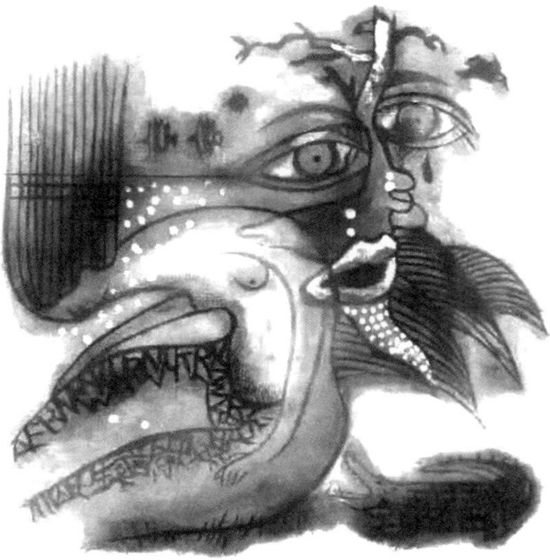

版画/祝开江

肉体最后耗尽
但眼睛仍想欢呼
古老的泪水里
一条希望的鱼
一条忧伤的鱼
真的游过了鳄鱼吗

图书在版编目（CIP）数据

荣枯的乡恋 /（澳）映霞著 . —上海：文汇出版社，
2023.7
ISBN 978-7-5496-4037-9

Ⅰ. ①荣… Ⅱ. ①映… Ⅲ. ①诗集－澳大利亚－现代
Ⅳ. ① I611.25

中国国家版本馆 CIP 数据核字（2023）第 092215 号

荣枯的乡恋

著　　者　[澳] 映　霞
责任编辑　徐曙蕾
装帧设计　董红红

出版发行　文匯出版社
　　　　　上海市威海路 755 号
　　　　　（邮政编码 200041）

照　　排　南京理工出版信息技术有限公司
印刷装订　上海颛辉印刷厂有限公司
版　　次　2023 年 7 月第 1 版
印　　次　2023 年 7 月第 1 次印刷
开　　本　787 × 1092　1/32
字　　数　120 千
印　　张　8

ISBN 978-7-5496-4037-9
定　　价　58.00 元